Patrick Grasser

Trickfilmstudio RU

Trickfilme im Religionsunterricht gestalten und präsentieren

D1717941

Vandenhoeck & Ruprecht

Mit 120 Abbildungen und Kopiervorlagen DIN A4

Bibliographische Information der Deutschen Nationalbibliothek

Die Deutsche Nationalbibliothek verzeichnet diese Publikation in der Deutschen Nationalbibliografie;
detaillierte bibliografische Daten sind im Internet über http://dnb.d-nb.de abrufbar.

ISBN 978-3-525-77003-0

Satz: textformart, Göttingen
Druck und Bindung: ⊕ Hubert & Co, Göttingen

Gedruckt auf alterungsbeständigem Papier.

Inhalt

1. TRICKFILME IM RELIGIONSUNTERRICHT? 5

2. DEN BEWEGTEN BILDERN AUF DER SPUR:
   GRUNDLAGEN DER TRICKFILMARBEIT 12

   2.1 Trickfilmwelten sind Kinderwelten 13

   2.2 Das Handwerk des Trickfilms 14
       2.2.1 Trickkino per Hand 14
       2.2.2 Bilder zum Leben erwecken 19
       2.2.3 Der Legetrickfilm 21
       2.2.4 Die Figurenanimation 27

   2.3 Die Handlung des Trickfilms 32
       2.3.1 Die Bibel im Trickfilm-RU 32
       2.3.2 Geschichten erzählen 34

   2.4 Die Technik des Trickfilms 45
       2.4.1 Der Ton macht den Film 45
       2.4.2 Technische Grundlagen 52
       2.4.3 Trickfilmkameras 53
       2.4.4 Trickfilmsoftware 56

   2.5 Alles was Recht ist 61

3. ERSTE SCHRITTE:
   TRICKFILMSEQUENZEN FÜR EINSTEIGER 63

   3.1 Adam und Eva: Ein Minitrickfilm zu 1. Mose 3,6 63

   3.2 Jesus segnet die Kinder: Ein Minitrickfilm zu Matthäus 19,15 65

   3.3 Bildergeschichten-Trickfilme 67

4. IN EIGENER REGIE:
   TRICKFILMPRAXIS IM RU 69

   4.1 Mit Abraham aufbrechen: Ein Legetrickfilm zu 1. Mose 12,1–9 72

   4.2 Auf dem Weg in die Freiheit: Ein Playmobil-Trickfilm zu 2. Mose 13,17–14,31 . . 84

   4.3 Auf Jesus hören: Ein Knettrickfilm zu Markus 1,16–20 96

   4.4 Mit Jesus feiern: Ein Silhouettentrickfilm zu Lukas 19,1–10 108

5. VON DER KIRCHE ZUM KINO:
   TRICKFILME IN SCHULGOTTESDIENSTEN   118

   5.1 Wie aus einem Trickfilm ein Schulgottesdienst wird   118

   5.2 Wie aus Kirchenbänken Kinosessel und aus Kinosesseln Kirchenbänke werden   . .   120

6. LITERATUR-, WEB- UND SOFTWARETIPPS   125

1. Trickfilme im Religionsunterricht?

Trickfilme drehen kann jeder. Zeichnungen und Knetfiguren lassen sich ganz einfach und ohne Zauberei zum Leben erwecken. Stifte, Papier, Digitalkamera, Computer und etwas Kreativität – viel mehr braucht es nicht. Trotzdem ist es wichtig, sich einiges Know-how zu erarbeiten, um Trickfilme im Unterricht ansprechend und gut zu gestalten. Bevor man sich daran macht, eigene Filmideen zu verwirklichen, muss man den Aufbau einer Animation verstehen und sich damit vertraut machen, einen Film am Computer zu schneiden. Man muss wissen, wie man eine Geschichte wirkungsvoll erzählt und wie Geräusche und Musik für die richtige Atmosphäre sorgen. Zu diesem Zweck gibt es dieses Buch.

Die Einarbeitung in das medienpädagogische Thema der aktiven Medienarbeit lohnt sich. Auch für Religionslehrerinnen und -lehrer. Zum einen, weil es im Religionsunterricht – wie in jedem anderen Schulfach – um junge Menschen geht. Im Leben dieser Jungen und Mädchen spielen Medien eine herausgehobene Rolle. Für ein verantwortungsbewusstes und selbstbestimmtes Leben in unserer Medienwelt brauchen sie umfangreiche Fähigkeiten. Dazu kann der Religionsunterricht einen Beitrag leisten. Zum anderen sprühen junge Menschen vor Kreativität. Sie suchen Selbstausdruck und soziale Erfahrungen. Für all das bietet handlungsorientierter Trickfilm-RU eine Spielwiese. Nicht zuletzt ist das Christentum von Anfang an eine „Medienreligion". Schließlich nutzten bereits die Apostel, Evangelisten und Kirchenväter die Medien ihrer Zeit: Sie schrieben Briefe und Bücher, um die christliche Botschaft zu verbreiten. Im Spätmittelalter erreichten die Reformatoren durch den neu erfundenen Buchdruck viele Menschen. So muss es auch in einem zeitgemäßen Religionsunterricht darum gehen, christlichen Glauben mit den Medien unserer Zeit auszudrücken und lebendig zu halten.

Aktive Medienarbeit

Für Kinder und Jugendliche sind Medien heute mehr als reines Konsumgut. Junge Menschen sitzen nicht mehr nur vor dem Computer oder dem Fernseher und lassen sich berieseln. Jungen und Mädchen schaffen heutzutage auch ihre eigenen Medieninhalte und präsentieren diese z. B. im World Wide Web. Auf Internetplattformen wie YouTube oder MySpace werden Kinder und Jugendliche selbst zu Medienmachern. Sie produzieren eigene Handyvideos, Rapsongs oder eine Diashow aus selbst aufgenommenen Urlaubsfotos. Viele Kinder und Teenager drücken sich, ihre Lebenswelt und ihre Fantasie durch Medien aus. Möglich macht dies das Internet. Es entwickelte sich in den vergangenen Jahren zu einem Mitmachmedium, dem sogenannten „Web 2.0", in dem jeder für sich und seine Ideen ein Forum findet.

Wenn junge Menschen Verantwortungsbewusstsein und Medienkompetenz erwerben sollen, dürfen Lehrerinnen und Lehrer mit ihren Klassen nicht nur über Medieninhalte sprechen. „Aktive" bzw. „handlungsorientierte Medienarbeit" heißt das pädagogische Schlagwort der Stunde. Dabei stehen Kinder und Jugendliche als Akteure im Zentrum. Gruppenerlebnisse und Kreativität werden gefördert, Selbstausdruck und Experimentieren mit unterschiedlichen Medien und mit den eigenen Fähigkeiten ermöglicht. In diesen Arbeitsprozessen fördern Schülerinnen und Schüler ihre Wahrnehmungs- und Ausdrucksfähigkeit. Sie stärken durch das Arbeiten in der Gruppe ihr Selbstbewusstsein und viele zwischenmenschliche Kompetenzen. In der handlungsorientierten Medienarbeit gewinnen die Jungen und Mädchen ganzheitliche Medienkompetenz. Sie machen authentische Erfahrungen mit den Medien und entdecken deren Möglichkeiten und Risiken. Während der Produktion eines Hörbeitrags oder eines Films lernen Kinder und Jugendliche viel über kreativen Ausdruck, aber auch über die Gefahren der Manipulation oder der verzerrten und einseitigen Darstellung.

Religionspädagogik und aktive Medienarbeit

Schon jetzt setzen viele Religionslehrerinnen und -lehrer Medien ein. Ob das Filme, Texte, Fotos oder CDs sind: Medien im Unterricht sollen die behandelten Inhalte unterstützen und verstärken. Handlungsorientierte religionspädagogische Medienarbeit geht einen anderen Weg. Sie stellt den einzelnen Schüler als selbstbestimmtes und handelndes Subjekt in den Mittelpunkt. Themen und Methoden orientieren sich an den Kindern und Jugendlichen. Dabei muss der Religionsunterricht den ganzen Menschen, mit Kopf, Geist, Verstand und all seinen Sinnen einbeziehen. Nur dann können die Themen des Religionsunterrichts und des christlichen Glaubens das Leben der Jungen und Mädchen berühren. Da sich Religionspädagogik am christlichen Menschenbild orientiert, ist es ihr Anliegen, dieser Ganzheitlichkeit gerecht zu werden. Deshalb steht im handlungsorientierten Medien-RU nicht die Vermittlung eines Glaubens- oder Wissenskanons im Mittelpunkt. Es geht um einen erfahrungsorientierten Unterricht, um eigenständiges Entdecken und Erleben. Kopf, Herz und Hand werden gleichermaßen angesprochen. Handlungsorientierte Medienarbeit soll Jungen und Mädchen im Religionsunterricht einen Raum eröffnen, in den sie sich mit ihren eigenen Gedanken, Vorstellungen und Fähigkeiten einbringen können.

Die Schülerinnen und Schüler entdecken ihre Stärken und Schwächen und nähern sich dem christlichen Glauben und den großen Fragen des Lebens auf ihre eigene Art an. Kinder und Jugendliche werden zu Fachleuten, zu kleinen Theologen und Philosophen. Sie interpretieren, diskutieren und experimentieren mit Unterrichtsinhalten. Während sie z.B. das Drehbuch für eine biblische Geschichte erarbeiten, bringen sie ihre eigenen Fragen, Vorstellungen und Ideen ein. Sie interpretieren die vorgegebenen Inhalte und können dadurch in ihnen Berührungspunkte zu ihrem eigenen Leben entdecken. Der Religionsunterricht wird zu einem Raum für authentisch religiöses Lernen.

Im handlungsorientierten Medien-RU arbeiten Lehrer und Schüler offen und gemeinsam an einem Produkt. Sie gestalten ein Internetprojekt, einen Hörbeitrag, ein Video oder einen Trickfilm. Damit die Schülerinnen und Schüler dieses Produkt als „ihr" Projekt verstehen, müssen sie bereits in die Planungsphase mit einbezogen werden: So kann die Themenfindung als gemeinsamer Prozess gestaltet werden. Die Klasse wählt beispielsweise aus vorgegebenen Möglichkeiten oder greift Themen auf, die in ihrem Alltag von Bedeutung sind. Das Zusammentragen der benötigten Materialien für ein Projekt integriert die Schülerinnen und Schüler weiter in die Planung und Organisation. Sie suchen – z.B. als Hausaufgabe – die Naturmaterialien, aus denen sie im Unterricht Kulissen und Requisiten für ihren Trickfilm basteln können.

Eines sollte die interessierte Lehrkraft einplanen: Handlungsorientierte Medienprojekte im Religionsunterricht lassen sich nicht im Eiltempo umsetzen. Sie benötigen Zeit, nicht nur für die Vorbereitung und die Umsetzung. Die Kinder und Jugendlichen sollen im Religionsunterricht auch einen Ort finden, der die Entfaltung ihrer Persönlichkeit unterstützt, der soziale Erfahrungen und Sinnstiftung ermöglicht. Religionspädagogisch verantwortete Medienarbeit setzt bewusst auf Entschleunigung. Effektivität, Wirtschaftlichkeit und Leistung – Schlagworte, die heute „heilig" sind – werden ausgeklammert. Es geht nicht um Perfektion. Handlungsorientierter Medien-RU sollte sich damit einem aktuellen Trend entgegenstellen, der mit dem biblischen Verständnis nicht vereinbar ist. Der Mensch ist mehr als das, was er leistet. Er ist ein einzigartiges Geschöpf Gottes, zum Miteinander und zur Verantwortung füreinander bestimmt. Deshalb bringt Religionspädagogik christliche Werte wie Menschenwürde, Nächstenliebe und Gewaltlosigkeit in die aktive Medienarbeit ein. Dadurch wird eine kritische Auseinandersetzung mit den Inhalten der Massenmedien gefördert. Handlungsorientierter Medien-RU muss dieses Ziel verfolgen. Er muss Medienkompetenz fördern und zur Sinnstiftung beitragen, damit die Schülerinnen und Schüler einen tragfähigen und lebendigen Glauben entwickeln können.

Aktive Trickfilmarbeit im Religionsunterricht

Im Trickfilm-RU arbeitet die Religionsklasse an einem in sich geschlossenen Projekt. Je nach Art und Umfang des geplanten Films sollte man etwa vier bis zwölf Doppelstunden einplanen. Die Arbeit an einem Trickfilm eignet sich gut als Einstieg oder Abschluss eines Themas. Das Trickfilmprojekt kann jedoch auch als eigenständiger Themenblock in der Jahresplanung festgesetzt werden. Die in Kapitel 4 vorgestellten Praxismodelle sind in diesem Sinn zu verstehen.

Es gibt unterschiedliche Arten von Trickfilmen. Einige davon stellt dieses Buch in den nachfolgenden Kapiteln vor. In der Unterrichtsvorbereitung sollte sich die Lehrkraft – im Blick auf die Interessen und Fähigkeiten der Klasse – für eine Methode entscheiden.

Als erstes Herantasten an die Welt der bewegten Bilder basteln die Schülerinnen und Schüler Daumenkinos oder Wunderscheiben. Dadurch lernen sie, den Aufbau und die

Funktionsweise einer Animation zu verstehen. Erst daran schließt sich die Arbeit am eigenen Trickfilm an. Als Themen können Lehrer und Schüler bereits bekannte (biblische) Geschichten auswählen, z.B. aus dem Vorjahr. Die Kinder und Jugendlichen begegnen dieser Geschichte, reflektieren sie im Plenum oder in Kleingruppen und erarbeiten daraus das Konzept für ihren Trickfilm. Vorbereitung und Produktion des Animationsfilms rücken an die Stelle der klassischen Erarbeitungsphase im Unterricht. Die abschließende Präsentation ersetzt bzw. ergänzt die Sicherung durch einen Hefteintrag.

Als Erinnerungshilfe kleben die Schülerinnen und Schüler Fotos, die während des Produktionsprozesses aufgenommen wurden, ins Heft und formulieren einen eigenen Hefteintrag. Dieser kann sich auf den Inhalt der Geschichte beziehen, aber auch auf die sozialen, technischen oder kreativen Prozesse während der Produktion. Natürlich dürfen die Jungen und Mädchen eine beschreibbare DVD mitbringen, um den Trickfilm für zu Hause zu kopieren.

Eine Themeneinheit im handlungsorientierten Trickfilm-RU gliedert sich idealtypisch wie folgt:
- *Die Einführung*: Spielerisch und kreativ-experimentell begegnen die Schülerinnen und Schüler dem Medium Trickfilm. Das geschieht z.B. durch das Analysieren kurzer Tricksequenzen und durch Basteln eines Daumenkinos oder einer Wunderscheibe.
- *Die Handlung*: Die Kinder und Jugendlichen begegnen einer (biblischen) Geschichte, die Grundlage für den späteren Film ist. Sie können auch eigene Themen einbringen.
- *Die Vorbereitung*: Im Plenum oder in Kleingruppen wird die Geschichte reflektiert und ein Schwerpunkt für das Trickfilmprojekt erarbeitet. In dieser Phase entwickeln die Schüler auch Storyboard und Drehbuch, basteln Kulissen und gestalten oder suchen die Figuren für ihren späteren Film.

- *Die Produktion*: Nach einer kurzen Einführung in die Digitalfotografie steigen die Schülerinnen und Schüler als Regisseure und Kameraleute in die eigentliche Trickfilmarbeit ein. Sie nehmen Einzelbilder auf und übertragen diese in den Computer.
- *Die Nachbearbeitung*: In einem Videoschnittprogramm setzen die Jungen und Mädchen die Einzelbilder zusammen, synchronisieren den Film und unterlegen ihn mit Geräuschen. In dieser Phase können die Schülerinnen und Schüler ihren persönlichen Hefteintrag gestalten. Dazu erhalten sie von der Lehrkraft ausgedruckte Fotos des Produktionsprozesses.
- *Die Präsentation*: Die Filmpremiere findet in der Klasse statt. Dabei dürfen die Schülerinnen und Schüler den Trickfilm in einer Reflexionsrunde analysieren. Im Gespräch betrachten sie Handlung, Dramaturgie und die Aussage noch einmal genauer. Daraus ergeben sich meist wichtige Impulse für weitere Trickfilmprojekte. Abschließend führen die Jungen und Mädchen den Film in der Schule vor.

Die Rolle der Schüler im handlungsorientierten Trickfilm-RU

Kinder und Jugendliche bringen heute in der Regel die wichtigsten Kenntnisse und Fähigkeiten für die Produktion eigener Animationen mit. Sie sind mit dem Medium Trickfilm vertraut. Man findet nur selten Schüler, die „Spongebob", „Pokémon", die „Simpsons" oder Klassiker wie „Tom & Jerry" und „Donald Duck" nicht kennen und lieben. Für die handlungsorientierte Trickfilmarbeit ist das ein wichtiger Anknüpfungspunkt. So können einzelne Szenen bekannter Serien zum Einstieg in die Projektarbeit analysiert werden, denn als Autorinnen und Autoren eigener Animationsfilme müssen sich die Schülerinnen und Schüler Trickfilmen von der „Produzentenseite" aus nähern. Ihnen wird dabei bewusst, welche Wirkung Kameraeinstellungen haben – z.B. die Großaufnahme eines entsetzten Gesichts – und wie sich Effekte durch eine Variation der Kameraposition verändern.

Wenn die Schülerinnen und Schüler anfangs Musik und Geräusche untersuchen und ihre Bedeutung für den Zuschauer besprechen, lernen sie durch diesen Einstieg eine ganze Menge über Dramaturgie, Gestaltung und Trickfilmtechnik. Im Ausarbeiten eigener Storyboards und Drehbücher nehmen sie vorgegebene Geschichten bewusster wahr und lernen, die Handlung in Sinnabschnitte zu unterteilen. Dabei schulen sie ihre Wahrnehmungs- und Ausdrucksfähigkeit. Natürlich fördern die Kinder und Jugendlichen darüber hinaus ihren eigenen kreativen und religiösen Ausdruck. Trickfilmproduktion im Religionsunterricht ist außerdem mit intensiven sozialen Erfahrungen verbunden, denn die Schülerinnen und Schüler arbeiten in kleinen Teams – entweder arbeitsteilig an einem Film oder parallel an mehreren Animationsfilmen. Sie lernen, die Argumente und Vorschläge ihrer Mitschüler aufzugreifen und Kompromisse einzugehen.

Neben ihrer Begeisterungsfähigkeit für Trickfilme bringen die meisten Schülerinnen und Schüler eine weitere wichtige Voraussetzung für das Erstellen eigener Trickfilme mit: Sie können mit einem Computer umgehen. Vor allem für die Nachbearbeitung eines Trickfilms ist die Arbeit mit dem Computer unerlässlich. Dabei ist ein moderner Rechner in der Regel bereits mit all dem ausgestattet, was man für die Gestaltung eines Animationsfilms benötigt: Soundkarte, Firewire- oder USB-Anschluss und DVD-Brenner. Mit dem „Movie Maker" von Microsoft ist unter Windows bereits standardmäßig ein Videoschnittprogramm vorinstalliert. Die Kinder und Jugendlichen können sofort loslegen und eignen sich dabei viele fachliche Fähigkeiten im Umgang mit dem Computer an. Sie lernen, den PC als kreatives Arbeitsmittel einzusetzen und entdecken neue Gestaltungsmöglichkeiten.

Auch während dieser Arbeitsphase arbeiten die Schülerinnen und Schüler im Team.

Besonders stolz sind Kinder und Jugendliche, wenn sie ihr fertiges Produkt anderen präsentieren dürfen, ob beim Schulfest, dem Elternabend, im Internet oder im Schulgottesdienst. Das Gefühl „Wir haben einen eigenen Film gemacht und ich habe daran mitgearbeitet" stärkt das Selbstbewusstsein der Jungen und Mädchen.

Die Rolle der Lehrkraft im handlungsorientierten Trickfilm-RU

Lehrerinnen und Lehrer sind im Unterricht nicht die Hauptakteure, besonders wenn es um die aktive Trickfilmarbeit geht. Vor allem im unmittelbaren Produktionsprozess geben die Schülerinnen und Schüler die Marschrichtung vor. Sie entscheiden über die inhaltlichen Schwerpunkte ihres Films, über die Gestaltung und über seine Aussage. Auch wenn sich die Lehrkraft in diesen Punkten zurücknimmt, ist handlungsorientierter Trickfilm-RU für sie mit einem Aufwand an Zeit und Arbeit verbunden. Doch diese Mühe lohnt sich. Zum einen persönlich, weil die Lehrerin bzw. der Lehrer die eigene Medienkompetenz fördert und neue Gedanken und Impulse erhält, die während der Arbeit in der Klasse aufkommen. Darüber hinaus lernt eine Lehrkraft, die gemeinsam mit ihrem Kurs Animationsfilme gestaltet, ihre Klasse in der Regel noch besser und intensiver kennen, weil die Kinder im spielerischen Umgang ihre Persönlichkeit stärker einbringen. Natürlich profitieren aber zuerst die Schülerinnen und Schüler von der Trickfilmarbeit. Und daran muss sich pädagogische Arbeit schließlich messen lassen.

Grundvoraussetzung für ein erfolgreiches Medien-Projekt ist auch für Lehrerinnen und Lehrer eine Begeisterungsfähigkeit für das Medium Trickfilm. Erst dann ist es sinnvoll, weitere fachliche Kenntnisse und Fähigkeiten zu erwerben. Nur wenn eine Lehrkraft ehrliches Interesse an der Kunstform des Animationsfilms hat, kann sie bei ihren Schülern Begeisterung für diese Arbeit wecken. Wie bei jeder Methode wirkt auch die Trickfilmarbeit nur dann authentisch, wenn die Lehrkraft voll hinter ihr steht. Alles andere wirkt aufgesetzt, unnatürlich und funktioniert nur begrenzt.

Darüber hinaus muss auch die Lehrerin bzw. der Lehrer über Grundkenntnisse im Umgang mit der Digitalkamera und dem Computer verfügen. Das spezifische Fachwissen der Trickfotografie und der Gestaltung spezieller Reli-Animationsfilme lässt sich leicht erlernen – Anleitung bietet dieses Buch.

Während der Projektarbeit nimmt die Lehrkraft in den unterschiedlichen Arbeitsphasen verschiedene Rollen ein: Zunächst entscheidet sie sich für eine Trickmethode und eine Geschichte bzw. eine Handlung für das geplante Projekt. Kriterien können Schulart, Klassenstärke, Alter und Interesse der Schülerinnen und Schüler sein. Erst nach einiger Erfahrung macht es Sinn, ein Thema von den Schülerinnen und Schülern frei wählen zu lassen, oder die Klasse aufzuteilen, um an zwei oder drei Filmen parallel zu arbeiten.

Während der inhaltlichen Ausgestaltung des Films ist die Lehrkraft Moderator. Sie leitet neue Arbeitsprozesse an und führt in die Technik ein. Bei ihr finden die Teams jederzeit Hilfestellung und bekommen Impulse für die Weiterarbeit, wenn diese ins Stocken gerät. Da die Schüler selbstständig an ihrem Filmprojekt arbeiten, kann sich die Lehrkraft darauf konzentrieren, einzelne Schüler und die Zusammenarbeit zu beobachten. Das ist vor allem für Fachlehrkräfte hilfreich, die wenige Stunden in einer Klasse unterrichten, weil die Schülerinnen und Schüler sich in der offenen Form des Projektunterrichts anders zeigen als in klassischen Unterrichtsformen. Auch im Hinblick auf die Notengebung oder die Zeugnisbeurteilung lassen sich aus der Trickfilmarbeit wertvolle Erkenntnisse gewinnen.

Noten im handlungsorientierten Trickfilm-RU

Zeugnisnoten ausschließlich auf der Grundlage schriftlicher Probearbeiten aufzubauen, ist weder pädagogisch sinnvoll, noch vom christlichen Menschenbild aus vertretbar. Gerade wenn der Unterricht ganzheitlich und handlungsorientiert aufgebaut ist, müssen Möglichkeiten gefunden werden, dies im Blick auf die Notengebung zu berücksichtigen. Der aktive Trickfilm-RU ermöglicht den Kindern und Jugendlichen, kommunikativ zu lernen und ihre Fantasie auszuleben. Er nimmt Kinder in ihrer Ganzheitlichkeit ernst, indem alle Sinne angesprochen werden. Durch diese Grundausrichtung des Unterrichts werden Wahrnehmungs-, Ausdrucks- und Urteilskompetenzen der Schülerinnen und Schüler gefördert, aber auch fachliche Fähigkeiten, wie die biblisch-theologische, die ethische oder die interreligiöse Kompetenz. Die Schülerinnen und Schüler entwickeln sich in der aktiven Trickfilmarbeit auf inhaltlicher und fachlicher Ebene, im organisatorischen und sozialen Bereich und im Blick auf ihre kreativen Fertigkeiten. Eine Zeugnisnote im Fach Religion muss diese Lernprozesse widerspiegeln. Sie darf nicht ausschließlich auf kognitiven Leistungen beruhen. Lehrerinnen und Lehrer müssen schriftliche, mündliche und praktische Leistungen gleichermaßen berücksichtigen.

Die aktive Trickfilmarbeit bietet viele Gelegenheiten zu einer ganzheitlichen und kompetenzorientierten Beurteilung. Allerdings sollte sich die Lehrkraft im Vorfeld des Projekts ein Beobachtungs- und Beurteilungssystem zurechtgelegt haben. Dieses System muss sie den Schülerinnen und Schülern zumindest in Grundzügen darstellen. Weil Kinder und Jugendliche aber auch bewertungsfreie Zonen brauchen, sollten nur ausgewählte Arbeitsphasen in die Beobachtung einfließen.

Die Lehrkraft sollte sich vor Projektbeginn auf ein bis zwei Phasen festlegen, in der sie die Schüler verstärkt beobachten und be-

noten möchte. Vor allem die vertiefenden Gespräche in der Klasse und die Produktionsphase bieten sich zur Beobachtung und Beurteilung an. Ein Beurteilungsbogen kann neben allgemeinen Beobachtungen auch folgende Kriterien beinhalten:

- Wahrnehmungskompetenz (die Wirkung unterschiedlicher Kameraperspektiven erkennen, Emotionen der Personen in der Geschichte nachempfinden, Emotionen und Bedürfnisse der Mitschüler wahrnehmen usw.);
- Ausdruckskompetenz (eigenen Titel für das Filmprojekt finden, sinnvollen Aufbau des Films gestalten, verständliche Texte und Dialoge formulieren usw.);
- Soziales Verhalten (sich für die Gruppe einsetzen, Kompromissbereitschaft zeigen, zur Konfliktlösung beitragen, eigene Ideen einbringen, andere motivieren usw.);
- Theologische Kompetenz (eigene Gottesvorstellungen und Glaubensansichten ausdrücken, Sinnfragen einbringen, Alltagssituationen mit biblischen Geschichten verknüpfen usw.).

Viele Schülerinnen und Schüler wünschen sich auch eine Rückmeldung oder eine Beurteilung für ihr Gesamtprodukt. Für den Fall, dass eine Klasse an mehreren Filmen gleichzeitig arbeitet, können sich die Gruppen gegenseitig nach festgelegten Kriterien ein Feedback geben. In dieser Runde sollte auch die Lehrkraft eine ehrliche und würdigende Rückmeldung geben.

Selbstproduzierte Trickfilme im Alltag der Schule

Ein Animationsfilm, den die Schülerinnen und Schüler selbst produzieren, ist viel zu schade, um in der Schublade zu verstauben. Jeder Film ist darauf ausgelegt, in der Öffentlichkeit vorgeführt zu werden. Möglichkeiten für eine Filmpremiere in der Schule gibt es genug.

Haben mehrere Klassen einen eigenen Film erarbeitet, kann ein schulinterner Trickfilmwettbewerb ausgeschrieben werden. Durch Feedbackbögen, die alle Schüler ausfüllen, wird eine Hitliste ermittelt. Neben Urkunden für alle teilnehmenden Projekte erhalten die drei Filme mit den meisten Stimmen einen zusätzlichen Preis. Vielleicht entwickelt sich daraus sogar die Tradition einer eigenen Trickfilmpreisverleihung im Oscar-Stil.

Auch beim Schulfest oder bei einem Elternabend findet der Reli-Trickfilm ein Forum: Das Religionszimmer wird zu einem Kinosaal. Hier führen die Schülerinnen und Schüler den fertigen Film ihren Eltern, den Mitschülern und vielleicht sogar einem Vertreter der Lokalzeitung vor. Diese Präsentation kann die Klasse im Stil einer richtigen Filmpremiere gestalten: mit Imbiss und kurzer Eröffnungsansprache der Schulleitung, des Religionslehrers oder der Klassensprecher. Eine nette Einladung an die Presse und bildungspolitisch interessierte Vertreter des Gemeinde- oder Stadtrates verschaffen dem

Projekt möglicherweise eine Öffentlichkeit über die Schultore hinaus.

Daneben können die Schülerinnen und Schüler mit ihrem Projekt an Trickfilm- und Videowettbewerben auf Kreis-, Landes- oder Bundesebene teilnehmen. Für den „Deutschen Jugendvideopreis" (www.jugendvideopreis.de) senden beispielsweise alle jungen Filmemacher unter 25 Jahren ihren Filmbeitrag ein, der von einer Jury beurteilt wird. Nähere Informationen zu solchen Wettbewerben finden sich leicht im Internet.

Trickfilme, die im Religionsunterricht entstanden sind, können aber auch andernorts vorgeführt werden: z. B. als wichtiges Element in Gottesdiensten und Andachten, anstelle einer biblischen Lesung, als Gebet, Fürbitten oder im Verkündigungsteil. Selbstproduzierte Reli-Trickfilme werten jeden Schulgottesdienst auf und beziehen die Schülerinnen und Schüler inhaltlich ein. Kapitel 5 dieses Buches gibt dazu einige Impulse.

2. Den bewegten Bildern auf der Spur: Grundlagen der Trickfilmarbeit

Trickfilmprojekte im Religionsunterricht brauchen ein festes Fundament. Für die Lehrkraft bedeutet das, sich mit dem Medium Trickfilm zu befassen, die Rahmenbedingungen und Gegebenheiten des Unterrichts zu bedenken und sich mit neuem Blick auf die Texte der Bibel einzulassen. Aber auch Schülerinnen und Schüler brauchen Grundlagen, um Geschichten in bewegte Bilder umsetzen zu können. Sie müssen verstehen lernen, wie gezeichnete oder fotografierte Bilder in Bewegung gesetzt, Geschichten wirkungsvoll erzählt und technisch als Animationsfilm umgesetzt werden. Dann kann es gelingen, den Unterricht und das Leben der Schülerinnen und Schüler mit Trickfilm-RU-Projekten zu bereichern, denn mit der Trickfilmarbeit nehmen die Jungen und Mädchen Abschied von einem Leben aus zweiter Hand, das ihnen im Fernsehen tagtäglich begegnet. Sie entwickeln eigene Ideen und setzen diese um. Produzieren ist nachhaltiger als konsumieren. Schließlich betreten die Schülerinnen und Schüler damit einen Weg, der ihnen einen kritischen und reflektierten Blick auf die Arbeitsweise und die Inhalte der Medien und zugleich einen neuen Blick auf die christliche Überlieferung ermöglicht. Für handlungsorientierte Trickfilmarbeit im Religionsunterricht ist dieser Weg bereits das Ziel.

Altersempfehlung

Im Grundschulalter sind Jungen und Mädchen in der Regel mit Begeisterung am Werk, wenn sie Gehörtes oder Besprochenes in eigenen Bildern verarbeiten. Sie zeichnen Geschichten nach und drücken ihre eigenen Gefühle oder die von anderen in farbigen Stimmungsbildern aus. Das eigene Trickfilmprojekt greift diese Freude der Kinder an kreativer Gestaltung auf. Szenenbilder werden aufgebaut und Figuren gebastelt. Für jüngere Schülerinnen und Schüler stellt vor allem die technische Arbeit eine Herausforderung dar. Sie müssen mit der Digitalkamera eigene Bilder abfotografieren, sie in den Computer übertragen, dort nachbearbeiten und zu einem fertigen Film zusammensetzen. Natürlich müssen diese wichtigen Arbeitsphasen pädagogisch sinnvoll in die Trickfilmarbeit integriert sein. Grundlegende Erfahrungen der Schülerinnen und Schüler im Umgang mit dem Computer sind sehr hilfreich. Deshalb empfiehlt sich die Umsetzung eigener Trickfilmprojekte erst ab der dritten Jahrgangsstufe.

Die Projektarbeit an eigenen Reli-Trickfilmen bringt aber auch in höheren Klassen Abwechslung und Leben in den Unterrichtsalltag, denn auch ältere Jungen und Mädchen finden Freude daran, Unterrichtsinhalte kreativ umzusetzen. Die Trickfilmarbeit bietet ihnen eine neue gestalterische Methode, Themen aufzuarbeiten und ihre eigenen Ideen einfließen zu lassen. Ihr Technikinteresse und die vielfältigen Erfahrungen im Umgang mit Fotokamera und Computer sind zudem wichtige Anknüpfungspunkte. So bekommen im Trickfilm-RU auch Schülerinnen und Schüler der Sekundarstufe die Möglichkeit, sich altersgemäß, kreativ und eigenständig mit der biblischen Botschaft auseinanderzusetzen.

Rahmenbedingungen

Ideal für die Trickfilmarbeit ist eine kleine Klassenstärke. Bereits mit fünf oder sechs Schülerinnen und Schülern lassen sich ansprechende Projekte realisieren. Allerdings dürften solche Zahlen eher die absolute Ausnahme sein. Ideal ist eine Klassenstärke zwischen 15 und maximal 20 Schülerinnen und Schülern. Aufgabenteilung und Kleingruppenarbeit strukturieren dabei den Arbeitsprozess. Ein ausreichend großes Klassenzimmer mit Gruppentischen für jeweils drei bis fünf Schüler und einer großen Arbeitsfläche für Trickfilmbühne, Kamera und Beleuchtung ist Voraussetzung. Gut ist natürlich ein eigenes Projekt- oder Religionszimmer. Plakate mit der Zeitplanung, dem Handlungsstrang der Geschichte und weiteren Entwürfen zum Filmprojekt können dort einfacher und dauerhaft angebracht werden. Für die Nachbearbeitung ist es sinnvoll, wenn in der Schule ein Computerraum vorhanden ist, in dem die gesamte Religionsklasse arbeiten kann. Natürlich genügt es auch, wenn im Klassenzimmer ein bis zwei Computer vorhanden sind, an denen jeweils eine Kleingruppe arbeiten kann. So wird aus dem Klassenzimmer ein Trickfilmstudio.

2.1 Trickfilmwelten sind Kinderwelten

Kinder lieben Trickfilme. Forschungsergebnisse belegen, was Eltern und Lehrer täglich beobachten und wahrnehmen können. Animationsfilme stehen hoch im Kurs – ganz gleich ob es sich dabei um klassischen Zeichentrick im „Donald Duck"-Stil, computergenerierte Kinohits wie „Findet Nemo" oder japanische Animes handelt. Und das Marktangebot an DVDs, Kinofilmen und Fernsehsendungen nimmt stetig zu. Dafür gibt es gute Gründe. In Trickfilmen finden Kinder und Jugendliche vieles, was ihren Interessen und ihren Bedürfnissen entspricht.

Trickfilme sind spannend und dynamisch, sie bringen zum Lachen und setzen selbst die Naturgesetze außer Kraft. Daneben sind es vor allem die Figuren und das klare Gut-und-Böse-Schema, das sie vertreten, was besonders jüngere Kinder an Trickfilmen fasziniert. Ab dem Grundschulalter sind für Jungen und Mädchen die Gefühle und Motive einer Trickfigur besonders wichtig. Die Glaubwürdigkeit und Nachvollziehbarkeit der Aktionen einer Hauptfigur sind zunehmend von Bedeutung, denn Kinder suchen auch im Trickfilm Identifikationsmöglichkeiten und geschlechtsspezifische Vorbilder.

Dabei sehen und verarbeiten Kinder Filme anders als Erwachsene. Für sie stehen Geräusche und Musik im Vordergrund der Wahrnehmung. Erst durch einen charakteristischen und aussagekräftigen Klangteppich können sich Kinder ganz auf das Gesehene einlassen. Die Akustik eines Filmes spricht die Gefühle an und erlaubt es Kindern, einen Film nicht nur zu sehen. Sie tauchen dadurch selbst in den Film ein und können ihn emotional miterleben. Sie reagieren auf Gesehenes, ahmen Gestik und Mimik nach, kommentieren und durchleben den Film gemeinsam mit den Hauptfiguren. Weil Kinder emotional sehr stark in den Film eingebunden sind, brauchen sie Entspannungspausen im Film. Spannungsbögen, die sehr lange ansteigen, sich zu einem dramatischen Höhepunkt zuspitzen und erst dann aufgelöst werden, sind besonders für jüngere Kinder oft zu anstrengend. Ihnen kommt es entgegen, wenn sich die Dramaturgie eines Filmes eher wellenförmig entwickelt.

Für Jugendliche sind humorvolle Handlungen und ausgefeilte Figuren interessant. Selbst wenn sich ihr Hauptinteresse allmählich von klassischen Tricksendungen hin zu Realfilmen verändert, bleiben Animationsfilme mit diesen Merkmalen für sie weiterhin interessant. Einige Sendungen sind sogar so konzipiert, dass sie Kindern, Jugendlichen und jungen Erwachsenen je eigene Zugänge ermöglichen. Die „Simpsons" oder „Futurama" sind Beispiele dafür.

Konsequenzen für die Trickfilmarbeit
im Religionsunterricht

Da für Kinder und Jugendliche die Charaktere eines Trickfilms besonders wichtig sind, sollten auch in selbstproduzierten Trickfilmen die handelnden Figuren im Mittelpunkt stehen. Geschichten sollten so ausgewählt werden, dass die Schülerinnen und Schüler in den (Haupt-)Charakteren eine Identifikationsmöglichkeit finden können. Ergänzend zur biblischen Vorlage können sie auch eigene Figuren entwickeln, die die Handlung der Geschichte begleiten und sie aus ihrer eigenen Perspektive erleben. Schon im Vorfeld des eigentlichen Reli-Trickfilms können die Kinder und Jugendlichen dazu angeregt werden, eigene originelle Figuren zu basteln und die technischen Grundlagen des Trickfilms damit einzuüben.

Neben den Hauptcharakteren, die von den jungen Trickfilmmachern stimmig und überzeugend angelegt sein müssen, ist die Gesamtwirkung des Films stark von der akustischen Ausgestaltung abhängig. Erst durch die richtige klangliche Atmosphäre – durch Geräusche und Musik – können die zusammengesetzten Bilder beim Betrachter eine Wirkung hervorrufen. Auch hier bietet sich ein experimenteller Zugang an. Gemeinsam können mithilfe von Alltagsgegenständen und einfachen Musikinstrumenten Geräusche erzeugt werden, denen beispielhaft Gefühle, Situationen und Szenen zugeordnet werden. In der späteren Produktionsphase setzen die Schülerinnen und Schüler dadurch Effekte bewusst ein und kombinieren die Bilder wirkungsvoll mit dem passenden Ton.

Selbst wenn der fertige Trickfilm nicht an die Profiarbeiten aus den Disney-Studios heranreicht, schaffen Schülerinnen und Schüler mit ihrer Arbeit etwas Wertvolles. Sie entwickeln selbstbestimmt Ideen, leben ihre Kreativität aus, arbeiten im Team, eignen sich neue Fähigkeiten an und entdecken biblisch-theologische Inhalte auf neue Weise.

2.2 Das Handwerk des Trickfilms

2.2.1 Trickkino per Hand

Mit „Schneewittchen und die sieben Zwerge" brachte Walt Disney im Dezember 1937 den ersten abendfüllenden Zeichentrickfilm in die Kinos. Doch die Idee, gezeichnete oder fotografierte Bilder zum Leben zu erwecken, wurde bereits in der 2. Hälfte des 19. Jahrhunderts geboren. Damals markierten optische Spielzeuge den allmählichen Übergang von der Fotografie oder der Zeichnung hin zu den bewegten Bildern. Daumenkino und ähnliches waren Renner auf jedem Jahrmarkt. Auch heute können vor allem Kinder und Jugendliche durch solche „handbetriebenen Trickfilmgeräte" die Funktionsweise eines Trickfilms verstehen und verinnerlichen.

Trickfilme überlisten das menschliche Auge und die menschliche Wahrnehmung. Einzelne Bilder, die schnell hintereinander abgespielt werden, können vom Menschen nicht mehr von einander unterschieden werden. Sie verschmelzen zu einem Bild bzw. zu einer Bewegung. Nach diesem „Täuschungsprinzip" arbeiten optische Spielzeuge. Im Unterricht können solche Spielzeuge als Vorarbeit zur eigentlichen Trickfilmproduktion selbst gebastelt werden.

Die Wunderscheibe

Beinahe zweihundert Jahre alt ist ein optisches Spielzeug, das zwei Bilder zu einem einzigen verschmelzen lässt. Die Wunderscheibe, auch „Thaumatrop" genannt, besteht aus einer runden Pappscheibe mit zwei Schnüren, um die Scheibe zu bewegen (M1). Auf Vorder- und Rückseite der Pappscheibe werden zwei sich ergänzende Bilder aufgezeichnet, wobei das Bild der Kehrseite auf dem Kopf steht. Am Rand der Pappscheibe, genau gegenüberliegend, werden mit einem Locher zwei kleine Löcher gestochen. In jedem wird ein Faden oder Gummiband festgebunden. Die

Abbildung 1: Durch schnelles Drehen zwischen den Fingern verschwimmen die beiden Bilder der Wunderscheibe für das menschliche Auge zu einem einzigen Bild.

Bänder werden zwischen Daumen und Zeigefinger so gezwirbelt, dass sich die Scheibe dreht. Ab einer gewissen Geschwindigkeit überlagern sich die Bilder der Vorder- und Rückseite. Sie verschmelzen für das menschliche Auge zu einem einzigen Bild. Wenn die Bilder der beiden Seiten in unterschiedlichen Farben gehalten sind, entsteht beim Drehen der Wunderscheibe eine Mischfarbe.

Material und Bastelanleitung für eine Wunderscheibe

Materialliste: Weißer Tonkarton oder Kopie der Bastelvorlage auf stärkeres Papier (ca. 160g/qm), zwei Bindfäden oder Gummibänder, Locher, Stifte.

Die Bastelvorlage wird ausgemalt bzw. mit eigenen Motiven gestaltet. Wichtig ist, dass die Schülerinnen und Schüler das Motiv der Rückseite auf dem Kopf aufmalen. Anschließend werden die beiden Seiten der Pappscheibe aufeinander geknickt, zusammengeklebt und an der Markierung gelocht. Die Bindfäden oder Gummibänder werden durch die Löcher gefädelt und festgeknotet.

Die Bänder werden zwischen Daumen und Zeigefinger aufgedreht. Nun können die Schülerinnen und Schüler ihre Wunderscheibe drehen lassen.

Für die Wunderscheibe bieten sich viele klassische Motive an. Zum Beispiel ein Vogel auf der Vorder- und ein Käfig auf der Rückseite oder eine Spinne und ihr Netz. Für den Religionsunterricht lassen sich jedoch auch sehr schöne Motive zu biblischen Geschichten und Bildern finden:
- Josefs Traum: Josef (Vorderseite); Sonne, Mond und Sterne (Rückseite).
- Jesu Geburt: Offener Stall (Vorderseite); Futterkrippe mit Jesuskind (Rückseite).
- Jesus zieht in Jerusalem ein: Esel mit Tüchern (Vorderseite); sitzender Jesus (Rückseite).

Daneben sind die Bildmotive der Psalmen eine wahre Fundgrube für biblische Wunderscheiben:
- Psalm 5,3: König ohne Krone (Vorderseite); Krone (Rückseite).
- Psalm 23,1: Hirte (Vorderseite); Schafe (Rückseite).
- Psalm 31,4: Fels (Vorderseite); Burg (Rückseite).

M1 | Wunderscheibe

Die Bastelvorlagen müssen beim Kopieren vergrößert werden (Zoomfaktor: 141 % bzw. von Din A5 auf Din A4).

Vorlage zum Selbstgestalten:

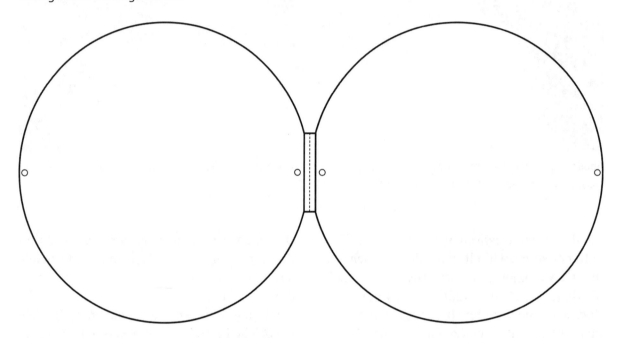

Vorlage für eine Wunderscheibe zu „Josefs Traum":

Das Rollkino

Für unsere menschliche Wahrnehmung entsteht der Eindruck einer Bewegung, wenn zwei beinahe gleiche Bilder schnell hintereinander abgespielt werden. Nach diesem Prinzip funktioniert das Rollkino. Auf zwei länglichen Papierstreifen wird ein Bildmotiv aufgemalt. Einfache und prägnante Motive eignen sich am Besten. Im direkten Vergleich der beiden Bilder verändert sich jedoch ein Detail: Z.B. blickt Abraham auf dem ersten Bild nach unten, während er auf dem zweiten Bild seinen Kopf in den Sternenhimmel reckt.

Die beiden Papierstreifen werden deckungsgleich übereinander geklebt und der obere Papierstreifen mit einem Stift aufgerollt. Bewegt man nun den Bleistift schnell auf und ab entsteht der Eindruck, dass Abraham seinen Kopf auf und ab bewegt. Wichtig ist, dass das Rollkino auf einem möglichst festen Untergrund – z.B. im Religionsheft – festgeklebt ist, um ein Verrutschen zu vermeiden.

Damit die beiden Bildmotive identisch sind, können sie mit Kohlepapier durchgepaust werden. Auch ein professioneller Leuchttisch bzw. ein Schreibtisch mit Glasplatte und Klemmleuchte darunter ermöglichen das Durchpausen der Bilder.

Material und Bastelanleitung für ein Rollkino

Materialliste: Zwei Papierstreifen (ca. 10 × 20 cm), Kohlepapier, Farbstifte, Klebestift, Bleistift, Religionsheft.

Auf den ersten Papierstreifen zeichnen die Schülerinnen und Schüler ihr Bildmotiv. Anschließend pausen sie das Bild mit Kohlepapier auf den zweiten Papierstreifen durch. Dabei müssen sie allerdings darauf achten, dass sie ein Detail des Bildes verändern, um später die Illusion einer Bewegung zu erzeugen. Das untere Drittel der Papierstreifen sollte nicht bemalt werden, damit beim späteren Aufrollen das gesamte Motiv sichtbar bleibt. Anschließend werden die beiden Papierstreifen deckungsgleich übereinander geklebt. Mit einem Stift wird nun der obere Papierstreifen aufgerollt.

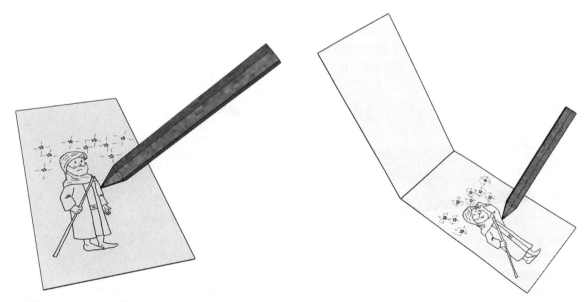

Abbildung 2: Auf zwei zusammengeklebte Papierstreifen werden Bilder mit dem gleichen Motiv gezeichnet, die sich in kleinen Details voneinander unterscheiden.

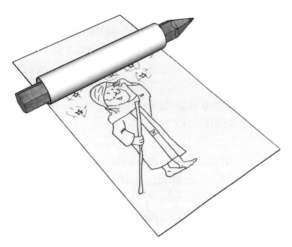

Abbildung 3: Mit einem Stift wird der obere Papierstreifen aufgerollt. Durch die schnelle Bewegung entsteht der Eindruck einer Bewegung.

Das Daumenkino

Die wohl populärste Form eines handbetriebenen Trickkinos ist nach wie vor das Daumenkino. Ähnlich wie die Wundertrommel macht sich auch das Daumenkino den sog. Stroboskopeffekt zunutze. Durch das schnelle Abblättern wird eine Reihe Einzelbilder vom menschlichen Gehirn als eine fortlaufende und fließende Bewegung wahrgenommen. Ein Daumenkino ermöglicht den Schülerinnen und Schülern einen weiteren Schritt auf dem Weg zum eigenen Trickfilm. Sie lernen, eine kurze Geschichte – mit einem Anfang, einem Hauptteil und einem Schluss – mit selbstgestalteten Bildern zu erzählen.

Abbildung 4: Das Daumenkino ist ein beliebter Klassiker. Sich verändernde Einzelbilder werden mit einem Gummiband o. ä. zusammengeheftet und mit dem Daumen schnell hintereinander abgeblättert. Für das menschliche Auge entsteht so die Illusion einer Bewegung.

Material und Bastelanleitung für ein Daumenkino

Materialliste: Vier Bögen weißer Fotokarton 30 × 40 cm, Lineal, Papiermesser oder Schere, Bleistift, Farbstifte, ein Gummiring.

Am Anfang des Daumenkinos steht die Idee für eine Handlung. Anregungen dazu finden sich in vielen biblischen Geschichten: Z. B. die Hirten, die zur Krippe kommen oder ein Senfkorn, das zu einem großen Baum wächst. Tolle Effekte lassen sich auch mit „Verwandlungsmotiven" erzielen. Ein tristes Kreuz kann sich z. B. in einen strahlend bunten Baum verwandeln, wodurch die Ostergeschichte symbolisch dargestellt und inter-

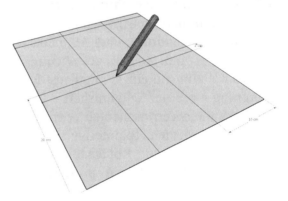

Abbildung 5: Auf einem Fotokarton werden die einzelnen Seiten des Daumenkinos vorgezeichnet.

Abbildung 6: Die Blätter für das Daumenkino werden am Rand eingekerbt, damit sie zum Schluss mit einem Gummiring zusammengebunden werden können.

pretiert wird: Aus einem Zeichen des Todes erblüht neues Leben.

Steht die Geschichte für das eigene Daumenkino, werden die Fotokartonbögen jeweils in sechs gleich große Rechtecke (je 10 × 20 cm) eingeteilt. Anschließend wird ca. 2 cm vom linken Rand der Rechtecke eine Linie gezogen. An diesem Rand wird das Daumenkino später zusammengeheftet. Mit Lineal und Papiermesser lassen sich die Rechtecke besonders sorgfältig ausschneiden. Etwa 1 cm vom linken Rand entfernt werden die Rechtecke eingekerbt.

Nun können die einzelnen Blätter des Daumenkinos mit den Einzelbildern bemalt werden. Alle Bilder des Daumenkinos zeigen das gleiche Motiv, das sich von Bild zu Bild in kleinen Details verändert (z.B. ein Samenkorn, im nächsten Bild treiben kleine Keime heraus usw.). Damit die Schülerinnen und Schüler beim Zeichnen nicht den Überblick über die Reihenfolge der Einzelbilder verlieren, können diese am linken Rand nummeriert werden. Zum Schluss werden die einzelnen Seiten mit dem Gummiband, das in die Einkerbung am linken Rand gewickelt wird, zusammengebunden. Natürlich können die Schülerinnen und Schüler vorher noch ein Umschlagbild gestalten und schon ist ihr eigenes Taschen-Trickkino fertig.

2.2.2 Bilder zum Leben erwecken

Mit vierundzwanzig Bildern pro Sekunde überlisten Trickfilme die menschliche Wahrnehmung. Unser Gehirn kann diese Flut sehr ähnlicher Einzelbilder nicht ausreichend verarbeiten, so dass für den Betrachter der Eindruck einer annähernd flüssigen Bewegung entsteht. Die Bewegungen der Figuren und Gegenstände im Trickfilm werden künstlich – durch kleine Veränderungen von Bild zu Bild – geschaffen. Unbewegliche Bilder werden zum „Leben erweckt", also animiert (vom lateinischen Wort *animare*: zum Leben erwecken). Deshalb fasst in der Fachsprache auch das Wort „Animationsfilm" als Oberbegriff alle Filmarten zusammen, in denen Zeichnungen, Computergrafiken oder Fotografien bewegt werden.

Der Arbeitsaufwand für einen professionellen Kinoanimationsfilm ist sehr hoch. Insgesamt müssen für einen 90-minütigen Film fast 130.000 Einzelbilder gezeichnet, am Computer berechnet oder fotografiert werden. Doch auch die Profis suchen nach Arbeitserleichterung. So wurden schon für den Disney-Klassiker „Schneewittchen" Figuren und Hintergründe auf unterschiedliche Trickfilmfolien gezeichnet, die übereinandergelegt und abgefilmt wurden. Dadurch konnten Hintergründe und auch Figuren mehrmals verwendet werden. Heute gibt es zwischen Animationsfilmen – egal ob im Fernsehen oder Kino – große Qualitätsunterschiede. Nicht nur aus pädagogischer, sondern auch aus trickfilmtechnischer Sicht. Moderne Kinohits wie „Shrek", „Ice Age" oder „Madagascar" werden aufwendig am Computer animiert, mit viel Liebe zu den Details. Die handelnden Figuren sind ausgefeilte Charaktere mit persönlicher Note. Weil solche Produktionen viel Zeit und Geld verschlingen, werden vor allem Fernsehtrickproduktionen mit deutlich reduziertem Aufwand produziert. Neben einer geringeren Anzahl an Einzelbildern pro Sekunde werden oft nur wichtige Schlüsselszenen dynamisch und aufwendig gezeichnet, während der Rest schlicht gehalten ist. Daneben werden große Bilder und Szenen durch Kamerafahrten scheinbar bewegt, so dass daraus Filmmaterial von einer oder mehr Sekunden entsteht.

In der Unterrichtspraxis bewährt es sich, sechs Bilder pro Sekunde anzufertigen, Szenen wenn möglich zu wiederholen, Kamerafahrten über größere Bilder einzusetzen und Figuren und Hintergründe getrennt voneinander zu erstellen, um sie mehrmals verwenden zu können. Trotzdem müssen für einen 3-minütigen Reli-Animationsfilm immer noch etwa 1.000 Einzelbilder aufgenommen werden. Sieht man diesen Arbeitsprozess jedoch als Chance für die Schülerinnen und Schüler, sich selbst auszudrücken, biblische Geschichten neu zu entdecken und durch die intensive und kreative Arbeit möglicherweise eine persönliche Beziehung zum Gott der Bibel aufzubauen, lohnt sich dieser Aufwand allemal.

Trickfilmarten

Unterschiede zwischen den einzelnen Trickfilmen gibt es nicht nur hinsichtlich der angefertigten Einzelbilder pro Sekunde – im Englischen nennt sich das *frames per second* (fps). Auch in der Technik, Einzelbilder zu animieren, sind die Möglichkeiten sehr breit gefächert. Animationsfilme werden deshalb in Genres untergliedert. Dabei unterscheidet man zunächst zwischen zwei-, dreidimensionalen und computeranimierten Filmen. In den vergangenen Jahren zeigte sich vor allem bei großen Kinofilmen ein Trend vom klassischen 2D-Zeichentrick hin zum Animationsfilm in 3D. Auch der Computer gewinnt dabei zunehmende Bedeutung. Für die eigene Trickfilmarbeit im Religionsunterricht sind jedoch vor allem manuelle 2D- und 3D-Animationstechniken einsetzbar.

Bei einer 2D-Animation werden flache Bilder oder Gegenstände durch Einzelbildaufnahmen animiert. In der zweidimensionalen Animation können selbst Naturgesetze sehr einfach außer Kraft gesetzt werden. Alles ist möglich.

Allerdings ist die Kameraposition festgelegt. Die Aufnahme der Einzelbilder erfolgt immer von oben. Deshalb müssen Räumlichkeit und Perspektive einer Szene künstlich erzeugt werden, z.B. durch perspektivische Zeichnungen.

Bei einer 3D-Animation werden dreidimensionale Figuren oder Gegenstände zwischen den Einzelbildaufnahmen verändert und dadurch animiert.

3D-Animationen wirken von selbst räumlich, da die Szenen auf einer richtigen Bühne arrangiert und abfotografiert werden. Dadurch kann auch die Kameraperspektive sehr

leicht variiert werden. Szenen, bei denen Naturgesetze nicht greifen sollen, sind dagegen aufwändiger (z.B. eine Flugszene).

Abbildung 7: 2D-Animationstechniken, die im Unterricht eingesetzt werden können:

Legetrick: Bei dieser Tricktechnik werden Ausschneidefiguren und -hintergründe animiert. Mit Legetrickfilmen lässt sich die Ästhetik klassischer Zeichentrickfilme gut nachahmen. In Kapitel 4.1 wird ein Unterrichtsprojekt mit Legetrickfiguren vorgestellt.

Schattentrick: Die Schattentricktechnik ist eine besondere Art des Legetrickfilms. Figuren und Hintergründe werden aus Scherenschnittpapier oder schwarzem Tonkarton ausgeschnitten und animiert. In Kapitel 4.4 wird ein Schattentrickfilmprojekt vorgestellt.

Abbildung 8: 3D-Animationstechniken, die sich für Unterrichtsprojekte eignen:

Knetanimation („Claymation"): Figuren und Hintergründe werden aus Knete oder Fimo geformt und animiert. Um die Figuren stabiler zu machen, können die Trickpuppen auch aus einem Drahtskelett und Moosgummi gebastelt werden. In Kapitel 4.3 wird ein Unterrichtsprojekt mit dieser Tricktechnik vorgestellt.

Spielzeuganimation: Bei dieser Tricktechnik werden Spielzeugfiguren (z. B. Playmobil oder Lego) animiert. Daher eignet sich diese Art der Animation gut für einen Einstieg in die Trickfilmarbeit. Die Kapitel 3.1, 3.2 und 4.2 stellen Trickfilmprojekte mit Spielzeugfiguren vor.

2.2.3 Der Legetrickfilm

Mit dem Legetrick können Schülerinnen und Schüler sehr einfach und mit relativ geringem Aufwand eigene Animationsfilme erstellen. Der Vorteil gegenüber dem klassischen Zeichentrick liegt darin, dass nicht jede Bewegungsphase extra gezeichnet wird. Vielmehr werden während der Vorbereitungen die Figuren, Requisiten und Hintergründe für den späteren Trickfilm aus Fotokarton, Tonpapier, Moosgummi, Filz oder anderen flachen Materialien so ausgeschnitten, dass sich die einzelnen Teile später verschieben lassen. Im Englischen wird diese Art der Trickfilmtechnik deshalb auch „cut out animation" (Ausschneide-Animation) genannt.

Eine Legetrickfigur besteht aus Einzelteilen, die ausgeschnitten, auf den Szenenhintergrund gelegt und zwischen den Einzelbildaufnahmen verändert werden. Mit Fäden und Klebstreifen lassen sich die einzelnen Gliedmaßen der Figuren von hinten so zusammensetzen, dass die Figur trotzdem beweglich bleibt. Allerdings sind dann einzelne Körperteile – z. B. ein Wechselkopf mit verändertem Gesichtsausdruck oder eine Ersatzhand mit einer neuen Bewegung – nicht mehr so einfach auszutauschen.

Die Legetricktechnik eignet sich auch hervorragend für ein Trickfilmtraining vor dem eigentlichen Drehbeginn. Dazu entwerfen die Schülerinnen jeweils eine eigene Trickfigur, die sich auch auf eine im RU behandelte Geschichte beziehen kann. Wechselköpfe und -hände bieten den Kindern und Jugendlichen Variationsmöglichkeiten. Auf einem gemalten oder gebastelten Hintergrund können die Jungen und Mädchen ihre Figuren auch ohne Kamera animieren und möglicherweise auch eine richtige Kurzszene gemeinsam mit der Figur des Banknachbarn nachstellen. Das Arbeitsblatt „Legeanimation" (M3) liefert den Schülerinnen und Schülern Vorlagen und Anregungen zum Bewegen ihrer Figuren. Für den Einstieg in diese Technik eignen sich vor allem Figuren in der Seitenansicht. Mit ihnen lassen sich z. B. die Gehphasen einfach gestalten.

Als Vorarbeit für den späteren Trickfilm, bei dem die Figuren eine sehr wichtige Rolle spielen, entwickeln die Schülerinnen und Schüler einen Charakterbogen oder Steckbrief zu ihrer selbstgestalteten Trickfigur. Im Heft wird neben dem Steckbrief mit Klebestreifen auch eine Stecktasche (z. B. ein Briefumschlag) für die Trickfigur eingeklebt – möglichst aus transparentem Papier, damit die Einzelteile der Figur sichtbar sind. Natürlich können schon in dieser Trainingsphase

Abbildung 9: Legetrickfigur mit Wechselköpfen.

Abbildung 10: Für die Silhouettentrickszene aus dem Film „Jesus und Zachäus" wurden Figuren, Baum und Haus aus Scherenschnittpapier ausgeschnitten und vor einem Fotohintergrund animiert.

tentrickfilme oder Scherenschnittanimation genannt werden. Dazu werden die Legefiguren in der Seitenansicht aus speziellem Scherenschnittpapier gebastelt. Um die Figuren stabiler zu machen, kann das Papier vor dem Ausschneiden auf Karton aufgeklebt oder alternativ schwarzer Tonkarton zum Basteln verwendet werden. Auch Hintergründe und bewegliche Requisiten können aus schwarzem oder farbigem Tonkarton gestaltet werden. Reizvoll ist es auch, die Schattenfiguren auf gemalten oder fotografierten Hintergründen zu animieren.

Collagenanimationen, für die Figuren aus Zeitungstexten und Zeitschriftenbildern ausgeschnitten werden, bieten eine weitere kreative Variationsmöglichkeit der Legetricktechnik.

Fotos aufgenommen und ebenfalls eingeklebt werden. Falls es die Zeit und die technischen Möglichkeiten zulassen, können die Schülerinnen und Schüler aus solchen Fotos auch ein eigenes Daumenkino mit ihrer Trickfigur gestalten. Wichtig ist dabei nur, dass die Figur auf dem Hintergrund immer aus der gleichen Perspektive abfotografiert wird. Die einzelnen Fotos lassen sich mit Musterbeutelklammern oder einem Gummiring zusammenheften.

Die Legetricktechnik eignet sich nicht nur für Animationsfilme, die sich an der Ästhetik des klassischen Zeichentrickfilms orientieren. Künstlerisch ansprechend und besonders für ältere Jugendliche interessant sind sog. Silhouettentrickfilme, die auch Schat-

Das eigene Legetrickfilmstudio

Jeder Tisch kann als Arbeitsfläche für Legetrickfilme dienen. Allerdings ist der Bau einer speziellen Trickfilmkiste sehr hilfreich. Sie ermöglicht eine gleichbleibende Kameraposition und konstante Lichtverhältnisse und schirmt die arrangierten Szenen besser gegen Luftstöße ab. Daneben macht es Kindern und Jugendlichen mehr Spaß, Trickfilmszenen in ihrem eigenen Aufnahmestudio zu gestalten.

Materialliste: Ein großer Karton (z. B. Umzugskarton, mindestens 45 × 35 × 35 cm; besser sind 100 × 70 × 50 cm), insgesamt 12 Vierkanthölzer in den Maßen des Kartons (für das Verstärkungsskelett des Kartons),

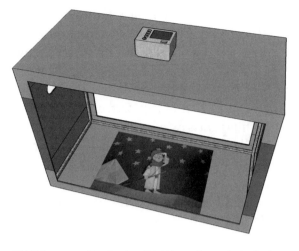

Abbildung 11: Die fertige Trickkiste dient als Aufnahmestudio für Legetrickfilme.

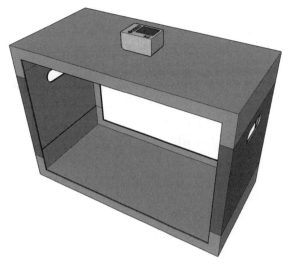

Abbildung 13: Vorder- und Rückseite des Kartons werden aufgeschnitten.

Abbildung 12: In den Deckel des Kartons wird ein Objektivloch geschnitten.

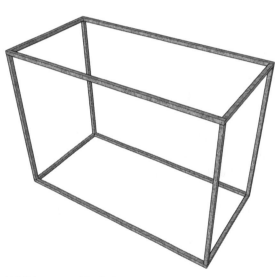

Abbildung 14: Ein Rahmen aus Vierkanthölzern stabilisiert die Kartontrickkiste.

Schrauben und Schraubendreher, ein Teppichmesser, zwei Halogenschreibtischlampen, eine digitale Fotokamera (möglichst mit Remote-Capturing-Funktion).

Anschließend schneidet man in die Mitte des Kartondeckels ein Loch in der möglichst exakten Größe des Kameraobjektivs. Durch dieses Loch werden später die Einzelbildaufnahmen fotografiert. Darum ist es wichtig, dass die Kamera fest in der Öffnung steckt

und nicht ohne weiteres hin und her bewegt werden kann. Der Deckel des Kartons ersetzt damit das Stativ der Fotokamera. Bevor man weiterarbeitet, sollte überprüft werden, ob die Kamera die gesamte Bodenfläche des Kartons aufnehmen kann. Ist das nicht der Fall, muss später auf dem Boden des Kartons die mögliche Arbeitsfläche eingezeichnet oder abgeklebt werden. Die oben genannten Kartonmaße ermöglichen, dass Szenen im

Din A4 Format gut gestaltet und fotografiert werden können. Kleiner sollte die Arbeitsfläche nicht sein. Schöner und einfacher ist es, wenn die Arbeitsfläche größer ist (mindestens Din A3). Je größer die Arbeitsfläche, desto weiter muss die Kamera vom Boden entfernt sein. Ideal ist eine Trickfilmkiste in den Maßen (Breite × Höhe × Tiefe) 100 × 70 × 50 cm. Findet sich kein geeigneter Karton, kann die Filmkiste auch aus dünnen Sperrholzplatten selbst gebastelt werden. Allerdings muss dann zuerst das Holzskelett gebaut werden, damit die Sperrholzplatten daran angeschraubt werden können.

Im zweiten Schritt werden aus den breiten Vorder- und Rückseiten des Kartons große Ausschnitte herausgeschnitten, so, dass ringsherum nur noch ein etwa 5 cm breiter Rand bleibt. Durch diese Öffnung können später die Szenen aufgebaut und zwischen den Einzelbildaufnahmen verändert werden. Gleichzeitig wird bei den späteren Aufnahmen mit den beiden Halogenstrahlern durch diese Seitenöffnungen beleuchtet. Jetzt kann auch die genaue Arbeitsfläche auf dem Boden der Trickfilmkiste eingezeichnet werden.

Die Vierkanthölzer werden zu einem stabilisierenden Skelett für die Trickfilmkiste verschraubt. Dazu werden vier dieser Kanthölzer auf die Länge des Kartons (Innenmaß!) zurechtgesägt. Vier weitere Kanthölzer werden auf die Höhe des Kartons, abzüglich der Stärke für zwei Längskanthölzer zurechtgesägt. Für die Tiefe des Kartons werden weitere vier Kanthölzer zurechtgeschnitten. Auch hier muss wieder die Stärke für zwei Kanthölzer abgezogen werden, da das fertige Skelett sonst nicht mehr in den Karton hineinpasst. Die Kanthölzer werden miteinander verschraubt und in den Karton geschoben. Zusätzlich kann das fertige Gerüst mit einer Heißklebepistole oder einem Tacker am Karton fixiert werden.

Abschließend werden die beiden Halogenstrahler an den offenen Seiten der Trickfilmkiste aufgebaut. Damit die Lichtkegel der Strahler keinen Schatten werfen, müssen sie sich möglichst genau gegenüberstehen. Zur Verbesserung der Arbeit kann die Digitalkamera an einen Monitor oder ein Laptop angeschlossen werden. So kann die ganze Klasse die Aufnahmearbeiten gut verfolgen. Auch Lichtverhältnisse und Bildschärfe lassen sich dadurch besser erkennen. Ein Fernauslöser an der Digitalkamera ist ebenfalls sehr hilfreich. Das erste eigene Trickfilmstudio ist fertig und einsatzbereit.

Für einen Legetrickfilm verwendest du Ausschneidefiguren, die aus einzelnen Körperteilen bestehen. Dadurch kannst du die Figur für die einzelnen Trickfilmbilder immer wieder verändern und musst nicht wieder ein neues Bild zeichnen.

Zum Basteln für deinen Legetrickfilm kannst du alle flachen Materialien verwenden: Pappe, Tonkarton, Papier, Moosgummi, Stoff, Holz, Kork und vieles mehr.

Gestalte einen Hintergrund für deine erste Trickfilmszene. Hintergrund und Figuren legst du auf einen flachen Arbeitstisch. Anschließend baust du die Kamera so auf, dass sie das Bild direkt von oben abfotografieren kann.

Fotografiere das erste Bild. Anschließend veränderst du die Figuren ein klein wenig und nimmst das zweite Bild auf. Diesen Arbeitsschritt wiederholst du so oft, bis du genügend Bilder für deine Trickfilmszene aufgenommen hast.

M3 | Legeanimation

1.) Gestalte eine eigene Legetrickfilmfigur. Beginne damit, einen Steckbrief für deine Figur zu entwerfen. Notiere darin den Namen deiner Trickfigur, wichtige Informationen zum Aussehen und darüber, was die Figur gerne mag und was ihr nicht gefällt. Vielleicht fallen dir auch ein paar Eigenheiten zu deiner Figur ein: z.B. typische Bewegungen, Aussprüche oder Begabungen.

2.) Bastle aus einem Din A4-Bogen Fotokarton deine eigene Legetrickfigur. Du brauchst dafür folgende Körperteile: Kopf, Körper, zwei Oberarme, zwei Unterarme mit Händen, zwei Oberschenkel, zwei Unterschenkel mit Füßen. Vielleicht bastelst du dir auch Wechselköpfe, um deiner Figur unterschiedliche Gesichtsausdrücke geben zu können.

3.) Zeichne oder bastle einen Hintergrund für deine Legetrickfigur. Lass dann deine Figur über den Hintergrund laufen. Fotografiere jede einzelne Bewegungsphase mit der Digitalkamera. Verwende dazu ein Stativ, damit die Kamera immer am selben Platz steht. Nun kannst du die einzelnen Fotos ausdrucken und zu einem Daumenkino zusammenheften.

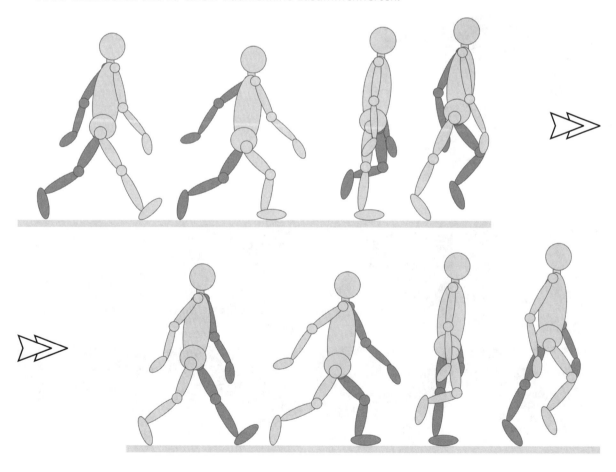

Grundlagen der Trickfilmarbeit

2.2.4 Die Figurenanimation

Ohne große Vorarbeit kann im Figurentrickfilm alles zum Leben erweckt werden. Im Handumdrehen können Spielzeug- oder Knetfiguren die Hauptrolle im eigenen Trickfilm spielen. Wie beim Legetrick nimmt die Kamera dabei Einzelbilder auf, die später aneinandergereiht abgespielt werden. Zwischen den Aufnahmen werden Figuren (und Hintergründe) jeweils ein kleines bisschen verändert. Für diese Art der Animation eignen sich eine handelsübliche Webcam oder ein Mini-DV-Camcorder. Damit lassen sich die Bilder bereits während des Aufnahmeprozesses am Computer in Hinblick auf ihren Bewegungsfluss überprüfen.

Die Figuren lassen sich leicht für unterschiedliche Bewegungsphasen verändern. Auch für die Gestaltung eigener Reli-Trickfilme bietet diese Methode viele Möglichkeiten. Nicht nur, weil von Playmobil mittlerweile viele Figuren angeboten werden, die gut zu biblischen Geschichten passen (z. B. Ägypter oder die Arche Noah). Bereits Kinder im Grundschulalter können mit dieser Technik problemlos und mit wenig Übung eindrucksvolle Kurzfilme erstellen.

Etwas anspruchsvoller wird die Trickfilmarbeit, wenn eigene Knetfiguren oder sogar professionellere Trickfilmpuppen selbst gebastelt werden. Einfache Knetfiguren lassen sich ebenfalls bereits mit jüngeren Schülerinnen und Schülern gestalten. Dazu werden – ähnlich wie beim Legetrick – die einzelnen Gliedmaßen der Figuren aus Knetgummi oder Plastilin geformt und schließlich mit Streichhölzern zusammengesteckt.

Mit älteren Schülerinnen und Schülern lassen sich auch komplexere Knetfiguren gestalten, die in ihrem Inneren aus einem gebogenen Drahtskelett oder einem Figurenrohling bestehen und zum Schluss mit Plastilin überzogen werden.

Besonders gut eignet sich für diese Arbeit Knetmasse auf Ölbasis. Auch Fimo kann gut für Körperteile eingesetzt werden, die nicht selbst bewegt werden müssen, z. B. für den Kopf einer Figur. Mund und Augenbrauen werden dazu aus Knetgummi geformt und dem jeweiligen Gesichtsausdruck angepasst. Auch die Augen lassen sich bei einer solchen Figur beweglich gestalten. Dazu werden vor dem Brennen des Kopfes weiße Holzperlen als Augen in den Kopf eingedrückt und die so entstandenen „Augenhöhlen" mit Vaseline ausgestrichen. Dadurch können die Augen später z. B. mithilfe eines Zahnstochers bewegt werden.

Plastilin findet auch in professionellen Trickfilmen Verwendung. Deshalb bezeichnet man diese Filme in der Fachsprache als „Claymation" (vom englischen Wort *clay*: Ton oder Lehm). Mittlerweile bestehen jedoch die meisten Trickfiguren für Kino und

Abbildung 15: Da Playmobilfiguren nicht so gelenkig wie Trickfiguren aus Knete oder Moosgummi sind, müssen die Geh- und Sprechbewegungen z. B. durch Schrägstellen der Figur oder Bewegen der Arme angedeutet werden.

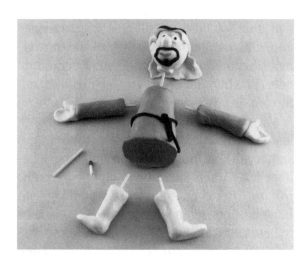

Abbildung 16: Einfache Trickfiguren werden aus Knetmasse geformt und mit Streichhölzern zusammengesteckt.

Abbildung 17: Trickfigur aus Biegefigurenrohling, Moosgummi und Modelliermasse.

Fernsehen aus festem Kunststoff und Silikon über einer aufwendigen Metallarmatur.

Hintergründe und Kulissen lassen sich ebenfalls sehr gut mit Plastilin formen. Allerdings sollte man hauptsächlich auf kräftige Farben zurückgreifen und darauf achten, dass die Farben sich während der Arbeit am Film nicht vermischen. Auch Moos-

gummi, Kunststoffröhren und diverse Materialien aus dem Bastel- und Modellbauladen sorgen für die passende Ausgestaltung der Trickfilmszenen. Der eigenen Fantasie sind keine Grenzen gesetzt.

Die eigene Figurentrickbühne

Im Gegensatz zum Zeichen- oder Legetrick werden Figurentrickfilme direkt in einer räumlich gestalteten Szene animiert. Wie im Theater werden Kulissen, Requisiten und Figuren auf einer speziellen Bühne arrangiert. Profi-Tricktische bestehen meist aus Metall, sodass die Figuren mit einem Magneten an der Bodenplatte befestigt werden können. Für die eigene Reli-Trickfilm-Bühne genügen allerdings schon wenige Materialien aus dem Baumarkt.

Materialliste: Drei Sperrholzplatten (150 × 150 cm; 5 mm stark), zwei Holzleisten (150 × 2 × 2cm), zwei Holzleisten (146 × 2 × 2cm), mehrere Styroporplatten (150 × 150 × 2cm), Schrauben (ca. 8 mm lang), Acrylfarben, Dekorationsmaterial (z. B. Zubehör aus dem Modellbauladen), doppelseitiges Klebeband oder Haftwachs (für die Figuren), zwei Halogenschreibtischleuchten, eine Webcam mit Stativ, Laptop.

Aus den vier Holzleisten wird ein quadratischer Holzrahmen verschraubt.

Anschließend wird eine der Sperrholzplatten als Bühnenboden auf den Rahmen geschraubt. Die beiden anderen Sperrholzplatten werden als Rückwände senkrecht an den Rahmen geschraubt.

Aus den Styroporplatten lassen sich Wechselhintergründe basteln und bemalen, die zwischen Boden und Seitenteile geklemmt werden können. Mit Acrylfarben, Moosgummi, Filz, Knete und Modellbauzubehör entstehen auf der Trickfilmbühne spielend leicht neue Szenen für den eigenen Figurentrickfilm.

Es fehlen nur noch die beiden Scheinwerfer und eine Webcam. Für die Arbeit an

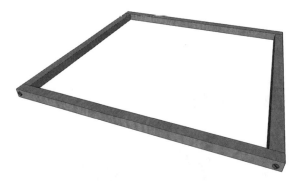

Abbildung 18: Die Vierkanthölzer werden zu einem quadratischen Rahmen verschraubt.

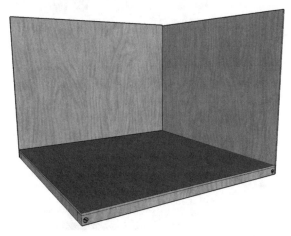

Abbildung 19: Die Sperrholzplatten werden als Boden und Rückwände an den Holzrahmen geschraubt.

Abbildung 20: Die fertig gestaltete Trickfilmbühne.

einem Figurentrickfilm eignet sich der Einsatz einer Webcam, die bereits beim Fotografieren an einen Computer angeschlossen wird, besonders gut. Dadurch lässt sich bereits beim Aufnehmen der Einzelbilder überprüfen, ob die Bewegung flüssig und stimmig ist.

Die Stop-Motion-Technik

Egal ob man im Religionsunterricht an einer Lege- oder Figurenanimation arbeitet, die zugrundeliegende Tricktechnik ist immer die Gleiche: Das Geschehen wird – im Gegensatz zum Realfilm – nicht in Echtzeit gefilmt, sondern in einzelne Bewegungsphasen eingeteilt. Für jede Phase wird mittels Digitalkamera, Webcam oder Videokamera eine Einzelaufnahme gemacht. Das Objekt (z.B. eine Legefigur oder eine Trickfilmpuppe) wird nun verändert und das nächste Einzelbild abfotografiert. Erst durch die Projektion der Einzelbilder in hoher Geschwindigkeit entsteht der Eindruck einer Bewegung. In der Fachsprache wird diese Animationstechnik „Stop-Motion" genannt. Dabei ist viel möglich: In den 1950er-Jahren verwendeten die Disney-Studios die Stop-Motion-Technik für den Animationskurzfilm „Noahs Arche". Das Besondere daran: Viele Figuren wurden aus Alltagsgegenständen gestaltet. So tragen die Elche ein Geweih aus Gabeln und für die Köpfe der Elefanten wurden Eier benutzt. Erfindungsreichtum, der zeigt, dass im Trickfilm jedes nur erdenkliche Material seinen Platz finden kann.

Für einen Figurentrickfilm verwendest du Figuren aus Knete bzw. Moosgummi oder Spielzeugfiguren z.B. von Playmobil oder Lego. Diese Figuren kannst du einfach bewegen und in ihrer Körperhaltung verändern.

Gestalte einen Hintergrund für deine erste Trickfilmszene. Dazu kannst du viele verschiedene Materialien verwenden: Pflanzen aus Fimo oder von Playmobil, Watte, Moos, Steine, Hölzchen, bunte Tücher, Korkplatten, bunte Styroporplatten, Frischhaltefolie, Bauklötze und vieles mehr. Hintergrund und Figuren werden wie auf einer Theaterbühne aufgestellt.

Baue die Kamera vor der Trickfilmbühne auf. Fotografiere das erste Bild. Anschließend veränderst du die Figuren ein klein wenig und nimmst das zweite Bild auf. Diesen Arbeitsschritt wiederholst du so oft, bis du genügend Bilder für deine Trickfilmszene aufgenommen hast.

1.) Schneide die Bilder aus und überlege dir, welche Gefühle oder Handlungen durch die abgebildeten Körperhaltungen ausgedrückt werden. Gib jedem Bild einen Titel, der diese Gefühle oder Handlungen ausdrückt.

2.) Bastle eine eigene Trickfigur (z. B. aus Knete oder Fimo) und stelle mit ihr die abgebildeten Körperhaltungen nach.

3.) Überlege dir weitere Körperhaltungen für deine Trickfigur. Wenn du möchtest, kannst du davon eigene Fotos machen und in dein Heft kleben. Für deine eigenen Bilder kannst du auch Gefühls-Wortkarten schreiben.

4.) Probiere mit deiner Trickfigur das Gehen aus. Verbiege Arme und Beine deiner Figur so, wie es auf den Fotos unten zu sehen ist. Fotografiere jede einzelne Bewegungsphase mit der Digitalkamera. Nun kannst du die einzelnen Fotos ausdrucken und zu einem Daumenkino zusammenheften.

Materialfundus

Farbiges Tonpapier, Karton und Kopierpapier gehören in der Regel zur Grundausstattung einer Schule. Damit ist für den eigenen Trickfilm schon eine Menge Material vorhanden. Der Rest findet sich üblicherweise im Federmäppchen der Schülerinnen und Schüler oder in ihrem Schuhkarton für den Kunstunterricht: Bleistifte, Farbstifte, Schere, Kleber, Knetgummi, Pinsel und Wasserfarben. Für einfache Lege- oder Figurentrickfilme benötigt man nicht mehr. Je mehr Material die Schülerinnen und Schüler jedoch zur Verfügung haben, desto besser können sie sich, ihre Kreativität und ihren persönlichen Ausdruck in das Trickfilmprojekt einbringen. Auch bei einem Spaziergang im Wald findet sich so manches Bastelmaterial für Kulissen, Requisiten und Figuren: Eicheln, Moos, Wurzeln, Steinchen und Rinde sollten auf jeden Fall ihren Platz im Fundus des Trickfilm-RU haben. Vor allem dann, wenn Figurenanimationen verwirklicht werden sollen. Für diesen Zweck finden sich auch im Modellbaufachhandel viele nützliche Dinge. Neben Pflanzen für die Modelleisenbahn, Schotter, Sand und anderem Streumaterial sind die unterschiedlichen Landschaftsmatten für die Trickfilmarbeit besonders wichtig. Kinderleicht sorgen sie auf der Trickfilmbühne für den passenden Untergrund einer Szene.

Für Figurentrickfilme sollten unter anderem folgende Materialien vorhanden sein: Alu-Draht oder Sisal-Figurendraht in unterschiedlichen Stärken (für das Skelett einer Trickfigur), Holzperlen in verschiedenen Durchmessern (z. B. für den Körper von Trickfiguren oder als Augen), Knetgummi, Fimo, Moosgummischläuche (z. B. als Arme und Beine für die Trickfiguren), Playmobilfiguren und -tiere, Filz, farbige Tücher, eine Rolle Nylonfaden, Watte, Teelichter, Streichhölzer, Flüssigklebstoff, Acrylfarben, Pinsel, Knet-Wachsstreifen (zum Befestigen der Figuren am Untergrund). Schere, Saitenschneider und Handbohrer sollten ebenfalls im Materialkoffer bereit liegen. Daneben können

natürlich alle Materialien aus dem Dekorations- und Bastelzubehör den eigenen Fundus nach Bedarf ergänzen.

Verschiedenfarbige Moosgummiplatten, Tonpapier und Fotokarton zählen zu den wichtigsten Materialien für Legetrickfilme. Auch hier kann der Fundus nach Belieben um flache Materialien erweitert werden. Zeitschriften und Zeitungen eignen sich nicht nur als Klebeunterlage, sondern auch für Collagetrickfilme. Auch Hintergründe und Figuren, die aus Filz gebastelt werden, geben der Legeanimation eine eigenständige Ästhetik.

Daneben sollten einige Orff-Instrumente, CDs mit Instrumentalmusik und Geräuscheffekten sowie Gegenstände für die eigene Klangerzeugung zum Fundus gehören.

2.3 Die Handlung des Trickfilms

2.3.1 Die Bibel im Trickfilm-RU

Trickfilme, die Schülerinnen und Schüler gemeinsam im Religionsunterricht gestalten, können für sie zu wertvollen Begegnungen und Erfahrungen mit der Bibel werden. Mit der Methode, biblische Geschichten in Kurzanimationen nachzuerzählen oder sogar künstlerisch und theologisch neu aufzuarbeiten, bewegen sich auch Jugendliche (wieder) gern auf die Texte der Bibel zu. Im Trickfilm-RU wird der Bibeltext zu einem offenen Erfahrungs- und Erlebensraum, in dem die Schülerinnen und Schüler selbsttätig Entdeckungen machen. Als ganzheitliche Methode ermöglicht diese Art der Bibelarbeit das Eintauchen der Jungen und Mädchen in den Text und die Verinnerlichung des Textes.

Im spielerischen Dialog mit dem Text

Gehörte und gelesene Geschichten regen Phantasie und Vorstellungskraft an. Sie wecken im Hörer bzw. Leser automatisch Bilder, in denen sich die Welt des Textes mit der eigenen Erfahrungswelt verknüpft. Eine sparsame und präzise Erzählsprache begünstigt das Anregen der eigenen Vorstellungskraft – ganz im Gegenteil zu Geschichten, die bis ins letzte Detail ausformuliert sind. Kinder und Jugendliche brauchen Leerstellen im Text. Sie sind kostbarer Nährboden, denn durch sie können Kinder und Jugendliche ihre Welt mit der fremden Welt des Textes verbinden. Biblische Sprache ist genauso angelegt. In ihr finden sich diese notwendigen Leerstellen, dieses „weiße Feuer" – wie die rabbinische Auslegungstradition solche Zwischenräume nennt. Das, was der Text nicht sagt, die weißen Lücken zwischen den gedruckten Buchstaben, laden dazu ein, kreativ gefüllt zu werden. Nicht eine einzig gültige Deutung, sondern eine Vielfalt an Verstehensmöglichkeiten geht vom Text aus. Ein solch offener Dialog mit dem Bibeltext ermuntert Schülerinnen und Schüler beispielsweise dazu, sich mit der möglichen Unsicherheit oder auch mit der Neugier Abrahams auseinanderzusetzen, als Gott ihn zum Aufbruch und zum Loslassen seiner gewohnten und gesicherten Lebensverhältnisse auffordert. Damit ein solches Arbeiten gelingt, müssen Schülerinnen und Schüler entweder mit einer Originalübersetzung der Bibel arbeiten oder mit Übertragungen, die ihnen Spielraum und offene Anknüpfungspunkte bieten, damit der Text in den Schülerinnen und Schülern arbeiten kann.

Auch der spielerische Umgang mit den Überlieferungen der Bibel eröffnet Kindern und Jugendlichen einen vertiefenden Zugang. Im Vorbereiten und Arrangieren der einzelnen Trickfilmszenen tauchen sie in die Welt der biblischen Figuren ein. Ganz automatisch geben sie den Hauptfiguren ihre eigenen Gedanken, Fragen und Antworten mit auf den Weg, die der Text in ihnen auslöst. Die Schülerinnen und Schüler stehen während dieser Arbeit in einem dauernden wechselseitigen Austausch mit den Protagonisten und der Handlung des Textes. Deshalb werden immer wieder während des Trickfilmprojekts neue Fragen auftauchen. Interpretation und Aneignung der biblischen Geschichte erstrecken sich über die Dauer des gesamten Projekts – und vielleicht auch noch darüber hinaus. Die Schülerinnen und Schüler müssen daher immer wieder Raum finden, ihre neu entstandenen Fragen und Vorstellungen zum Text äußern zu dürfen.

Bibeltexte vorbereiten

Wer durch ein Bibel-Trickfilmprojekt einen vertieften und vertiefenden Austausch der Schülerinnen und Schüler mit den Inhalten der Bibel anregen will, muss sich auch als Lehrkraft auf eine neue Sichtweise der oft vertrauten Geschichten einlassen können. Ein erster Schritt ist daher, die alte Lesebrille beiseite zu legen, mit der man biblische Texte vielleicht schon über Jahre immer wieder auf die gleiche Art gelesen und weitererzählt hat. Hilfreich ist es, dazu zwei bis drei Übersetzungen des gleichen Bibeltextes nebeneinander wahrzunehmen (z. B. Luthertext, Einheitsübersetzung, Elberfelder Bibel). Kommentare und Einführungen zum ausgewählten Bibeltext ergänzen die eigene Vorbereitung der Projektarbeit. Dabei geht es nicht darum, exegetisches Detailwissen anzuhäufen, sondern darum, das Projekt theologisch zu erden und nicht in puren Aktionismus ausarten zu lassen. Außerdem ist es – gerade bei vertrauten Bibeltexten – immer wieder hilfreich, die eigene Sichtweise zu sichern und durch neue fachliche Impulse weiterzuentwickeln. Eine gute Übersicht bieten dazu kommentierte Bibelausgaben (z. B. „Stuttgarter Altes Testament" bzw. „Stuttgarter Neues Testament"), theologische und religionspädagogische Einführungen in Lehrerhandbüchern oder demnächst auch ein wissenschaftlicher Online-Bibelkommentar der Deutschen Bibelgesellschaft. Gerade in der alttestamentlichen Forschung findet gegenwärtig ein Paradigmenwechsel statt, sodass auch der Blick in Einführungsliteratur zum Alten Testament für die eigene didaktische Arbeit hilfreich erscheint.

Die didaktische Entscheidung für eine Textvorlage bzw. das Formulieren einer eigenen Erzählung oder eines eigenen Lesetextes wird durch die neue Begegnung mit dem Bibeltext und durch fachliche Impulse angeregt. Natürlich muss diese Vorarbeit immer durch einen Blick auf die Entwicklung und die Interessen der Schülerinnen und Schüler ergänzt werden. Auch aktuelle bibeldidaktische Literatur kann die eigene religionspädagogische Arbeit bereichern. Hier finden sich z. B. Antworten auf bibeldidaktische Fragen (z. B.: Welchen Text für welches Alter?) und Anregungen für die Unterrichtspraxis (z. B.: Wie gestalte ich eine biblische Erzählung?).

Ziele und Inhalte der Reli-Trickfilmarbeit

Trickfilmprojekte im Religionsunterricht wollen den offenen Dialog zwischen Schülerinnen und Schülern und der biblischen Überlieferung möglich machen. Die Kinder und Jugendlichen können durch die Trickfilmarbeit ihr eigenes Repertoire an biblischen Geschichten erweitern und dadurch ihre biblische, theologische und kulturelle Sprachfähigkeit fördern. Durch die intensive und gestalterische Arbeit können die Jungen und Mädchen ein neues, vertieftes Verständnis des Bibeltextes und einen persönlichen Bezug zu ihm gewinnen. In der trickfilmischen Ausgestaltung kann sowohl die Erst- als auch die Neubegegnung mit einem Bibeltext intensiviert werden. Durch den individuellen kreativen Ausdruck ihrer eigenen Vorstellungen, die ein gehörter oder gelesener Bibeltext in den Schülerinnen und Schülern weckt, verbinden sich die inneren Bilder und Gefühle der Kinder und Jugendlichen mit dem Bibeltext und lassen ihn zu einem Schatz der eigenen Erfahrungen und Erinnerungen werden.

Pädagogische Ziele können sein:
- Einen Bibeltext kennen lernen.
- Den Bibeltext eigenständig interpretieren.
- Zentrale Themen biblischer Theologie kennenlernen und vertiefen.
- Unterschiedliche Gottesvorstellungen kennenlernen und über eigene Gottesbilder miteinander ins Gespräch kommen.
- Sich in die Lebenssituation der Menschen zu biblischer Zeit einfühlen.
- Gedanken und Gefühle der handelnden Personen nachempfinden.
- Den Text mit eigenen Erfahrungen und Hoffnungsbildern verknüpfen.
- Die biblische Erzählung kreativ und szenisch umsetzen und die Wirkung der Inszenierung miteinander reflektieren.
- Im Text eine Handlungsaufforderung entdecken und darin Konsequenzen für das eigene Leben und Handeln sehen.

2.3.2 Geschichten erzählen

Der Umfang

Einen Trickfilm selbst zu gestalten ist mit viel Spaß und Kreativität verbunden. Auf der anderen Seite verlangt es auch viel Arbeit und Anstrengung, bis der fertige Film über die Leinwand oder den Fernseher flimmern kann. Deshalb sollte der Umfang für das eigene Trickfilmprojekt von Anfang an klar begrenzt sein. Schon in zwei bis drei Trickfilmminuten lässt sich eine ganze Menge erzählen. Kurze und packende Geschichten, die über einen klaren Erzählstrang verfügen und sich in wenigen Sätzen erzählen lassen, sind die ideale Grundlage für die eigene Animation. Für den Einstieg kann sogar eine „Ein-Satz-Geschichte" filmisch ansprechend gestaltet werden. Ein Beispiel: Mose steigt auf den Berg, als er wieder herunterkommt, trägt er zwei Steinplatten mit den Zehn Geboten. Bereits dieser Satz genügt als Handlung für einen Trickfilm. Er lässt sich wunderbar in drei Szenen einteilen, die sich wiederum sehr schön als Lege- oder Figurentrickfilm gestalten lassen: 1. Mose, der auf den Berg steigt; 2. Mose auf der Spitze des Berges, umhüllt von Wolken; 3. Mose, der mit den Gebotstafeln vom Berg herabsteigt. Um die Dynamik in diesem Kurztrickfilm zu erhöhen, können unterschiedliche filmische Stilmittel (z. B. wechselnde Kameraeinstellungen) gewählt werden.

Die Handlung

Neben einer kurzen und verständlichen Handlung sind die handelnden Charaktere für einen Film von entscheidender Bedeutung. Auch hier genügt es, wenn wenige Figuren vorkommen bzw. im Mittelpunkt stehen. Das oben genannte Beispiel käme sogar mit nur einer einzigen Figur aus. Natürlich könnten ergänzend einige Israeliten vorkommen, die Mose nachsehen, wie er auf den Berg steigt, bzw. ihn erwarten, als er vom Sinai herabkommt. Wichtig ist aber vor allem, dass die Schülerinnen und Schüler ihre Hauptfiguren und deren Motivation kennen. Ein Blick auf die Kino- und Bücherhitliste zeigt, dass es (fast) immer Geschichten von Menschen sind, die den Zuschauer oder Leser interessieren und fesseln. Arbeiten die Schülerinnen und Schüler also daran, die Kurzgeschichte von Mose und den Zehn Geboten zu verfilmen, müssen sie die Lebens-

geschichte Moses kennen. Sie müssen für sich verstehen, warum Mose die Gebote Gottes so wichtig sind und was sie für ihn bedeuten. Jeder Reli-Trickfilm sollte also vorab in einen theologischen, biblischen oder ethischen Klärungsprozess eingebunden sein.

Erzählstrang und Spannungsbogen

Auch für die Schauplätze des Trickfilms gilt es, sich auf wenige und dafür aussagekräftige Szenerien zu beschränken. In der Regel genügen schon drei bis fünf Schauplätze für einen Kurztrickfilm. In dem Trickfilm über Mose würden drei Hintergründe genügen: 1. Das Lager der Israeliten mit dem Sinai im Hintergrund; 2. Der Berg Sinai; 3. Der Berggipfel mit den Wetterwolken in Großaufnahme.

Die Sprache des Films sind die Bilder. Sie erzählen die Geschichte. Im besten Fall geschieht das sogar so ausdrucksstark, dass keine oder nur kaum erklärende Worte eines Erzählers oder der handelnden Figuren notwendig sind. Wenn in der Schulklasse also nach dem geeigneten Erzählstoff für das eigene Animationsprojekt gesucht wird, muss darauf geachtet werden, dass die Handlung

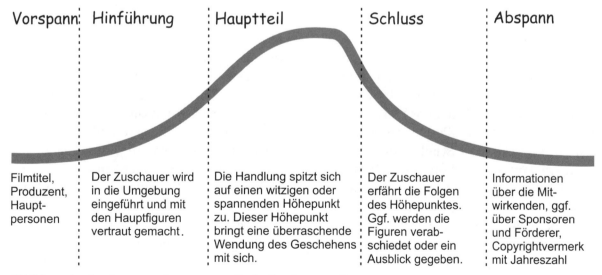

Vorspann	Hinführung	Hauptteil	Schluss	Abspann
Filmtitel, Produzent, Hauptpersonen	Der Zuschauer wird in die Umgebung eingeführt und mit den Hauptfiguren vertraut gemacht.	Die Handlung spitzt sich auf einen witzigen oder spannenden Höhepunkt zu. Dieser Höhepunkt bringt eine überraschende Wendung des Geschehens mit sich.	Der Zuschauer erfährt die Folgen des Höhepunktes. Ggf. werden die Figuren verabschiedet oder ein Ausblick gegeben.	Informationen über die Mitwirkenden, ggf. über Sponsoren und Förderer, Copyrightvermerk mit Jahreszahl

Abbildung 21: Der Spannungsbogen unterteilt die Handlung des Films in einzelne Abschnitte. Der Zuschauer wird in die Handlung eingeführt, die im Hauptteil ihren „kritischen Punkt" erreicht und dann zum Schluss hin abfällt. In Vor- und Abspann sind alle wichtigen Informationen zum Film enthalten.

in klaren und verständlichen Bildern darstellbar ist. Besonders verzweigte Geschichten mit Nebenschauplätzen und komplexen Unterhandlungen eignen sich nicht für einen eigenen Trickfilm. Je klarer sich Erzählstrang und Bilder gestalten lassen, desto eindrücklicher und befriedigender wird das Endergebnis sein.

Um sich den Verlauf der Handlung deutlich vor Augen zu führen, sollte vorab ein Spannungsbogen entwickelt werden. An ihm werden der Verlauf und die Einteilung der Geschichte in „Hinführung", „Hauptteil" und „Schluss" deutlich:

Gemeinsam entwickeln die Schülerinnen und Schüler gleich zu Beginn der Planungsphase ein solches Schaubild. Hier können sie bereits stichpunktartig die Handlung und Notizen zu der Dauer der einzelnen Teile festhalten, wodurch das spätere Anfertigen des Storyboards erleichtert wird. Im Idealfall nimmt der Hauptteil den größten Teil des Films ein. Dieser Hauptteil sollte so gestaltet sein, dass die Bedeutung des Höhepunkts für die Hauptperson spürbar ist. Bestenfalls läuft der Hauptteil auf eine Wendung hin, die den Zuschauer und seine Erwartungen überrascht.

Methoden zur Ideenfindung

Ideen für Handlungen und Geschichten lassen sich überall finden. Natürlich gibt es auch kreative Methoden, mit denen die Schülerinnen und Schüler sich eigene Geschichten ausdenken können. Eine dieser Methoden ist die Entwicklung von „Postkarten-Geschichten". Dazu erhält jeder Schüler eine beliebige Postkarte (auf der mindestens eine Person zu sehen ist) und das Arbeitsblatt „Postkarten-Geschichte" (M6). Aufgabe der Schülerinnen und Schüler ist es nun, sich mithilfe des Arbeitsblattes eine Geschichte zu ihrer Postkarte auszudenken. Wichtig ist dabei, dass sie sich an die Vorgabe halten und eine maximal fünf Sätze umfassende Geschichte mit einem einzigen klaren Erzählstrang formulieren. Postkarte und Geschichte werden ins Heft eingeklebt und anschließend im Plenum präsentiert.

Für diese Methode eignen sich auch Bilder und Motive aus Kinder- oder Bilderbibeln. In diesem Fall muss die Lehrkraft allerdings darauf achten, dass die ausgewählten Bilder nicht zu komplex aufgebaut sind. Schließlich sollen die Schülerinnen und Schüler mit dieser Methode lernen, einen klaren und linearen Erzählverlauf zu entwickeln.

Weiterführend können die Schülerinnen und Schüler auch zu religiösen Liedern, die mit einer wirkungsvollen und verständlichen Bildsprache arbeiten, eine Filmhandlung entwickeln. Dabei wird nicht unbedingt eine Geschichte erzählt, sondern vielmehr der Liedtext und die melodische Aussagekraft des Stückes in Bilder umgesetzt. Schon der einfache biblische Kanon „Vom Aufgang der Sonne" lässt sich in einem kurzen Trickfilm gestalten: Eine Sonne, die über einer schön gestalteten Landschaft auf und untergeht. Das im Lied besungene „Lob des Herrn" kann dann beispielsweise durch tanzende oder betende Menschen ausgedrückt werden. Besonders eindrücklich ist die Arbeit an einer musikalischen Trickfilmidee, wenn Text und Musik (z. B. im Musikunterricht) von den Schülerinnen und Schülern selbst gesungen und aufgenommen werden können.

Die Bibel liefert wohl den größten Ideenfundus für eigene Trickfilmprojekte. Faszinierend und tiefgründig erzählt sie von Menschen und ihren Erfahrungen mit Gott. Wichtig ist, dass die Lehrkraft bereits im Vorfeld geeignete Textpassagen auswählt. Kriterien sind dabei der lineare und klare Handlungsverlauf sowie wenige und möglichst klar handelnde Charaktere, mit denen die Schülerinnen und Schülern im Idealfall bereits vertraut sind. Es bietet sich an, sich für kurze Texte zu entscheiden, die ohne Nebenhandlungen auskommen.

Sollen die Schülerinnen und Schüler aus einem biblischen Text einen Handlungsstrang für ihren Trickfilm entwickeln, so ist es sinnvoll, in einem ersten Schritt die

Hauptfiguren näher in den Blick zu fassen. Dazu gestalten die Schülerinnen und Schüler z. B. in Partnerarbeit einen Steckbrief oder einen stichpunktartigen Lebenslauf. Die nötigen Informationen dazu können sie entweder aus ihrem eigenen Hintergrundwissen zusammentragen oder von der Lehrkraft erhalten. Anschließend schreiben die Zweiergruppen eine eigene Version der Geschichte aus Sicht der Hauptfigur. Ähnlich wie bei der Methode der Postkarten-Geschichte sollte der Umfang der Handlung im Vorfeld klar festgelegt werden. Erfahrene Schülerinnen und Schüler können in die biblische Geschichte auch eigene Charaktere einbinden, aus deren Sicht sie die Handlung erzählen wollen. In einer anschließenden Plenumsphase werden die so entstandenen Kurzgeschichten vorgetragen und gemeinsam in der Klasse eine Spannungskurve und eine Erzählvorlage für den späteren Trickfilm ausgewählt bzw. zusammengetragen. Die Handlung für das oben genannte Beispiel von Mose und den Zehn Geboten könnte etwa folgendermaßen aussehen:

Am Morgen donnerte und blitzte es am Himmel. Im Tal, unterhalb des Berges Sinai, hatten die Israeliten ihr Lager aufgeschlagen. Mose und Aaron krochen aus ihrem Zelt und machten sich auf den Weg zum Berg. Der Berg bebte und zitterte, während Mose und Aaron emporstiegen, doch nur Mose ging bis zum Gipfel. Dort oben, inmitten der Wetterwolken, wusste sich Mose ganz nah bei Gott. Viele Tage und Nächte blieb Mose dort. Nach einigen Tagen sahen die Israeliten, wie Mose und Aaron vom Berg hinabstiegen. In den Händen trug Mose die Steinplatten mit den Geboten, die Gott seinem Volk geben wollte.

Schon während dem Entwickeln dieser kurzen Handlung müssen Schüler und Lehrkraft darauf achten, dass sich das Erzählte gut in Bildern umsetzen lässt. Ist das an einer Stelle nicht der Fall, muss nach einer geeigneten Gestaltungsmöglichkeit gesucht oder die entsprechende Stelle gestrichen werden. Daher ist es sinnvoll, bereits in dieser Arbeitsphase das Storyboard zu entwickeln.

Stilmittel des Trickfilms

Um die Handlung und die Dramaturgie des Trickfilms zu unterstützen können die jungen Trickfilmemacher viele unterschiedliche Stilmittel einsetzen. Wer die wichtigsten Grundregeln der Filmsprache beherrscht, kann seinem Animationsfilm noch stärkere Ausdruckskraft verleihen.

Eine Szene kann in unterschiedlichen Einstellungsgrößen – also in verschieden großen Bildausschnitten – gezeigt werden. Jede dieser unterschiedlichen Einstellungen rückt einen anderen Aspekt der Szene in den Vordergrund und ruft damit beim Betrachter bestimmte Erwartungen und Eindrücke hervor. Deshalb sollte eine Bildeinstellung auch nicht willkürlich gewählt, sondern bewusst eingesetzt werden.

Wichtig ist, dass die Schülerinnen und Schüler vorher mit den verschiedenen Einstellungsgrößen und ihrer jeweiligen Wirkung auf den Zuschauer vertraut gemacht werden. Eine erste Begegnung kann mit dem Arbeitsblatt „Kameraeinstellungen" (M7) erfolgen. Ergänzend dazu ist es möglich, kurze Trickfilmausschnitte mit unterschiedlichen Einstellungen in der Klasse anzusehen und die Wirkung der Einstellungen zu besprechen.

In der eigenen Trickfilmpraxis können die unterschiedlichen Einstellungsgrößen entweder über die Zoom-Taste der Kamera eingestellt werden oder durch unterschiedlich große Figuren und Hintergründe. Für einen Legetrickfilm können dazu im Vorfeld „Blanko-Figuren" und „-Hintergründe" gebastelt werden, die nur aus Umrissen bestehen, anschließend in unterschiedlichen Größen kopiert und ausgemalt werden. Arbeitet man mit Figuren, die in ihrer Größe nicht variiert werden können (z. B. beim Figurentrickfilm mit Playmobilmännchen), müssen die gestaltete Szene oder die Kamera in ihrer Position verändert werden. Wichtig dabei ist, die ursprüngliche Position genau zu markieren, damit man später wieder einfach zu dieser Einstellung zurückkehren kann. Mit Klebeband, das als Markierung auf den Boden

Abbildung 22: „Totale" mit dem Berg Sinai und dem Lager der Israeliten. Der Zuschauer wird gut in die gesamte Szenerie eingeführt.

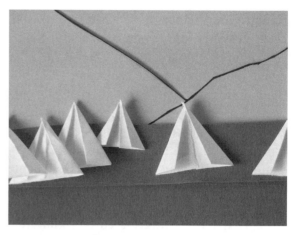

Abbildung 23: „Halbtotale" mit dem Lager der Israeliten. Der Betrachter erkennt Einzelheiten des Lagers.

Abbildung 24: „Nahaufnahme" auf Mose und sein Zelt. Er wird dadurch zur Hauptfigur der Sequenz.

Abbildung 25: „Detail" auf Moses Augen, die zum Himmel und dann nachdenklich zu Boden schauen.

oder auf den Tricktisch geklebt wird, kann diese Ausgangsposition leicht wieder gefunden werden.

Der Wechsel zwischen zwei Kameraeinstellungen sollte immer dadurch motiviert sein, dem Zuschauer neue Informationen zu liefern. Wenn z.B. Gefühlsregungen wahrgenommen werden sollen, die in der Nahaufnahme nur schwer zu erkennen sind, sollte sich eine Detailaufnahme des Gesichts anschließen. Im oben aufgeführten Beispiel sind Moses Augen in einer Detailaufnahme zu sehen. Die Kameraeinstellung wechselt dann in die Nahaufnahme des Berggipfels und macht dem Zuschauer deutlich, dass Mose dort hin-

aufschaut. Ein weiterer Wechsel – z.B. hin zu einer Großaufnahme von Moses Gesicht – ermöglicht einen Eindruck davon, wie Mose diesen Anblick emotional verarbeitet.

Ähnliches gilt auch für die Perspektive, aus der eine Szene gezeigt wird. Je nach Kamerawinkel kann ein und dieselbe Szene klein und unbedeutend oder groß und bedrohlich wirken. Durch das Arbeitsblatt „Kameraperspektiven" (M8) machen sich die Schülerinnen und Schüler mit den wichtigsten Kameraperspektiven vertraut.

Blenden und Effekte, die sich mit jedem Videoschnittprogramm spielend leicht einbinden lassen, sollten mit Bedacht eingesetzt

Abbildung 26: Im Videoschnittprogramm „Magix Video deluxe" finden sich zahlreiche Überblendeffekte, die thematisch passend eingebunden werden können. Solche Blenden eignen sich z. B. für Zeitsprünge in der Handlung.

werden. Jeder Effekt sollte kritisch auf seinen Sinn hin überprüft werden. Ist er bloße „Spielerei", sollte man lieber auf ihn verzichten. Weniger ist oft mehr. Dramaturgisch bedeutsame Effekte und Blenden sollten dann auch schon während der Planungsphase berücksichtigt und ins Storyboard eingearbeitet werden. Ein spezieller Überblendeffekt im Sternstil kann z. B. dann wirkungsvoll eingesetzt werden, wenn Abraham seinen Blick zu den Sternen im Himmel hebt.

Das Storyboard

In einem Storyboard wird die Handlung eines Animationsfilms in vereinfachten Bildern und kurzen Texten aufgeschlüsselt. Es dient dazu, dass sich alle am Film beteiligten Personen ein klares Bild von dem machen können, wohin die Trickfilmarbeiten führen sollen. Das Storyboard ist damit Grundlage und Gerüst des späteren Films. In ihm sind neben dem Bildinhalt auch Kameraeinstellungen und -perspektiven festgelegt, sowie Dialoge, Geräusche und Dauer einer Szene skizziert. Die Bilderfolge eines Storyboards sieht da-

bei ähnlich wie in einem Comicstrip oder in einer Bildergeschichte aus. Allerdings fehlen typische Cartoonmerkmale wie Sprechblasen oder Lautmalerei. Auch müssen die Zeichnungen nicht von derselben Qualität wie die Bilder des fertigen Trickfilms sein. Einfache Strichzeichnungen genügen, um den Handlungsablauf und die Dramaturgie des Films festzuhalten. In der schulischen Projektarbeit sollte die Arbeit am gemeinsamen Storyboard nicht zu viel Zeit in Anspruch nehmen. Daher ist es besser, die Zeichnungen so einfach wie möglich zu halten. Hilfreich ist es, wenn das Storyboard gemeinsam in Plenums- oder in Kleingruppengesprächen entwickelt wird, wobei die Lehrkraft an der Tafel oder auf einer Folie die Skizzen selbst anfertigt. Den Schülerinnen und Schülern kann später eine Kopie des fertigen Storyboards an die Hand gegeben werden. Alternativ können auch größere Zeichnungen angefertigt und an eine Pinnwand geheftet werden, sodass das Storyboard für alle gut sichtbar im Klassenzimmer hängt.

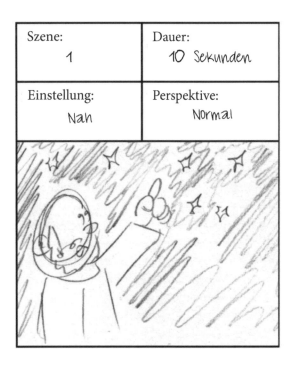

Abbildung 27: Einfache Strichzeichnungen und Skizzen genügen, um Bildinhalt, Perspektive und Einstellung einer Szene im Storyboard festzuhalten.

Einige Tipps und Hinweise zum Anfertigen eines Storyboards:

- Die Zeichnungen werden im Bildformat des späteren Films angefertigt (4:3 oder 16:9).
- Für jede Kameraeinstellung wird eine eigene Skizze angefertigt.
- Dramaturgisch wichtige Blenden und Effekte werden ebenfalls durch eine extra Zeichnung festgehalten.
- Bewegungen (der Figuren oder der Kamera) werden durch Pfeile in der Zeichnung deutlich gemacht.
- Die „Regieanweisungen" im Storyboard geben einen kurzen Überblick über die Handlung der jeweiligen Einstellung.
- Alle gesprochenen Texte werden bereits im Storyboard stichpunktartig notiert. Ergänzend kann auch ein „Dialog-Skript" erarbeitet werden.

- Die Dauer einer Szene kann im Storyboard nicht nur als Zeitangabe (in Sekunden) erfolgen. Parallel kann die entsprechende Anzahl der benötigten Bilder notiert werden.
- Alle benötigten Materialien werden im Storyboard vermerkt. Ergänzend wird eine zusammenfassende Materialliste erstellt.

Das Storyboard ist eine unterstützende Arbeitshilfe und kein starres Korsett. Es hilft den Schülerinnen und Schülern dabei, die Handlung zu strukturieren und dramaturgische und filmische Effekte zu planen. Wenn allerdings beim Aufnehmen der Einzelbilder neue oder besser geeignete Ideen aufkommen, dürfen diese natürlich aufgegriffen werden.

Postkarten-Geschichte M6

1.) Suche dir eine Postkarte aus und betrachte sie sorgfältig. Überlege dir: Was könnte auf diesem Bild gerade geschehen? Welche Handlung kannst du in dem Bild erkennen? Schreibe deine Gedanken dazu auf.

2.) Gib deiner Postkarte einen aussagekräftigen Titel und schreibe ihn auf.

3.) Gestalte eine kurze Geschichte zu dem Bild auf der Postkarte. Die fertige Geschichte sollte höchstens fünf Sätze umfassen. Das Postkartenbild ist der Höhepunkt der Geschichte, an dem eine witzige oder spannende Wendung geschieht. Schreibe deine Geschichte auf und klebe sie gemeinsam mit der Postkarte in dein Heft.

4.) Stelle deine Postkarte und deine selbstgeschriebene Geschichte in der Klasse vor.

1.) Schneide Überschriften, Bilder und Texterklärungen aus und ordne sie einander zu.

NAH	DETAIL	HALBTOTALE

TOTALE	GROSS

  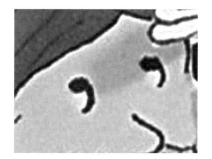

Durch diese Einstellung wird dem Zuschauer eine Figur näher gebracht. Zu sehen sind dabei Kopf und Oberkörper einer Figur. Der Zuschauer kann die Bewegungen dieser Figur gut erkennen.	Der Zuschauer wirft mit ihr einen Blick auf die handelnden Figuren und ihre Umgebung und bekommt dadurch einen guten Überblick. Diese Einstellung eignet sich sehr gut als Einstieg in eine neue Szene.	Im Bild ist nur ein wichtiger Ausschnitt der Figur zu sehen (z. B. die Augen und Mund). Dadurch lässt sich Spannung aufbauen, da der Zuschauer nur dieses Detail sieht und nicht, was außen herum geschieht.
Der Blick des Zuschauers fällt in dieser Einstellung stärker auf die handelnde Figur einer Szene. Die Umgebung rückt im Vergleich zur „Totale" weiter in den Hintergrund.	In dieser Einstellung ist das ganze Gesicht der Trickfigur deutlich zu sehen. Dadurch können Gesichtsausdrücke und Gefühle sehr eindrücklich und klar dargestellt werden.	

1.) Fülle den Lückentext aus. Diese Wörter musst du einsetzen:
Überblick | Glasplatte | SUBJEKTIVE | unten | natürlich | Zuschauer | NORMALPERSPEKTIVE | langweilig | klein | oben | groß | VOGELPERSPEKTIVE | oben | Blick | unterhalten | bedrohlich | Sehgewohnheit | Augenhöhe | Schulter | FROSCHPERSPEKTIVE | Sichtweise |

Die _____:
Für diese Perspektive wird mit der Kamera von sehr weit _____ nach _____ fotografiert. Am einfachsten kann diese Perspektive aufgenommen werden, wenn die Figur auf einer _____
steht, unter der sich die Kamera befindet.
Wenn eine Figur aus dieser Perspektive abgebildet wird, wirkt sie sehr _____ und _____.

Die _____:
Hier fotografiert die Kamera von _____ auf die gestaltete Szene. Diese Perspektive eignet sich besonders gut, um dem Zuschauer einen _____
über die gesamte Szene zu geben. Einzelne Figuren wirken _____ und unbedeutend.

Die _____:
Diese Kameraperspektive entspricht unserer normalen _____ _____. Die Szene wird auf _____ _____ fotografiert und wirkt so besonders _____. Allerdings ist ein Film, der durchgehend in dieser Perspektive gedreht wird, für den _____ leicht _____.

Die _____:
Mithilfe dieser Kameraeinstellung wirft der Zuschauer einen _____ über die _____ der Figur. Er nimmt gewissermaßen ihre subjektive _____
ein. Diese Einstellung wirkt besonders dann gut, wenn sich im Film zwei Personen miteinander _____.

2.) Überlege dir für jede Kameraperspektive eine Beispielszene.

M9 Storyboard

Filmtitel: _____	Seite: _____

Szene:	Dauer:	Regieanweisungen/Handlung/Dialoge:
Einstellung:	Perspektive:	_____
		_____
		_____
		_____
		_____
		_____
		Geräusche:
		_____
		_____
		_____

Szene:	Dauer:	Regieanweisungen/Handlung/Dialoge:
Einstellung:	Perspektive:	_____
		_____
		_____
		_____
		_____
		Geräusche:
		_____
		_____
		_____

2.4 Die Technik des Trickfilms

2.4.1 Der Ton macht den Film

Kein moderner Film kommt ohne den richtigen Ton aus. Eine ausgefeilte Klangkulisse aus Atmosphäre, Geräuschen, Stimmen und Musik gehört zu jedem guten Film. Und das nicht nur aus ästhetischen Gründen. Schließlich hat das passende Sounddesign entscheidenden Einfluss auf die emotionale und psychologische Wirkung eines Films. Nicht umsonst wird in Hollywood Jahr für Jahr auch ein Oscar in den Kategorien „Bester Ton" und „Beste Filmmusik" vergeben.

Die Filmmusik

Neben den Bildern und Dialogen eines Films übernehmen Geräusche und Filmmusik wichtige Funktionen für die Dramaturgie. Durch Musik wird eine starke emotionale Bindung geschaffen. Sie wird – im Gegensatz zu Geräuschen und der Klangatmosphäre eines Films – größtenteils auch bewusst wahrgenommen. Häufig kann eine Filmszene ihre beabsichtigte Wirkung erst durch die musikalische Untermalung entfalten, wenn beispielsweise das Auftreten des Bösewichts durch Marschtrommeln und Pauken angekündigt wird oder luftig tänzelnde Klaviermusik das Spielen der Tiere auf einer Waldlichtung unterstützt. Häufig wird auch den Hauptpersonen eines Films ein charakteristisches Musikstück zugeordnet. Musik kann darüber hinaus – ganz ohne erklärende Worte – den Zuschauer mit hineinnehmen in eine fremde und ferne Welt und den passenden landschaftlichen und zeitlichen Rahmen eines Films schaffen. Im Trickfilm „Der König der Löwen" sorgt die Kombination aus landschaftlichen Zeichnungen und der afrikanischen Chor- und Trommelmusik bereits zu Beginn dafür, dass sich der Zuschauer in die afrikanische Welt des Films einfindet. Auch für eigene Trickfilmprojekte sollte die Musik deshalb bewusst und passend ausgewählt oder vielleicht sogar selbst „komponiert" werden. Dafür genügen meist schon die üblichen Orff-Instrumente, die sich in jeder Schule finden: Glockenspiel, Xylophon, diverse Handtrommeln und Klangstäbe. Wer den passenden Soundtrack von CD kopieren oder aus dem Internet herunterladen möchte, muss darauf achten, dass die ausgewählten Musikstücke zur gemafreien Verwendung freigegeben sind.

Im klassischen Trickfilm – z.B. in den frühen „Mickey-Maus"- und „Donald-Duck"-Filmen – steht die Musik noch weiter im Vordergrund. Sie illustriert darin jede einzelne Bewegung der handelnden Figuren durch entsprechende Instrumente und Klänge. Ein Sturz wird dann etwa von einem Paukenschlag untermalt oder vorsichtiges Schleichen von gezupften Geigensaiten. Diese Technik, die in der Fachsprache „Mickey-Mousing" genannt wird, verleiht einem Trickfilm leicht eine humoristische Atmosphäre.

Die Trickfilmgeräusche

Bei einem Trickfilm gibt es keinen Originalton. Deshalb ist das Erzeugen und Aufnehmen von Geräuschen während der Nachbearbeitung („Postproduction") von enormer Bedeutung. In professionellen Trickfilmtonstudios sitzt der Geräuschemacher – umgeben von unterschiedlichsten Schuhen, Schlüsseln, Koffern, exotischen Instrumenten und allerlei anderen Utensilien zur Geräuscherzeugung – vor einem Monitor, auf dem einzelne Szenen des fertig geschnittenen Films abgespielt werden. Gemeinsam mit dem Tonmeister zeichnet er die benötigten Geräusche synchron zum Film auf. Praktisch jeder Gegenstand kann in den Händen des Geräuschemachers zu einer Klangquelle werden. Kreativität und Zweckentfremdung sind wesentliche Schlagworte für die Arbeit des Geräuschemachers, auch im RU-eigenen Trickfilmstudio. Als technische Grundausstattung genügen schon ein einigermaßen ordentliches Mikrofon, das möglichst nah an der Geräuschquelle platziert wird, und ein Computer mit Soundkarte, damit die Schülerinnen und Schüler selbst für den guten Ton in ihrem Trickfilm sorgen können. Der Rest ist ihrer eigenen Kreativität überlassen, denn mit vielen Alltagsgegenständen und einfachen Musikinstrumenten lassen sich leicht eigene Geräusche und Klangeffekte aufzeichnen:

- Schritte im Sand oder auf Kies: Ein mit Kies gefülltes Stoffsäckchen auf den Boden legen und mit den Füßen im Gehrhythmus der Figur darauf treten.
- Schritte im Laub: Alte Tonbänder rhythmisch zusammenknüllen oder mit einer Hand voll getrocknetem Laub vorsichtig zwischen den Händen rascheln.
- Schritte im Schnee: Ein mit Kartoffelmehl gefülltes Säckchen mit den Händen zusammendrücken.
- Schritte im Wasser: Einen nassen Schwamm im Schrittrhythmus auf einen Tisch drücken und gleichzeitig in einem Eimer voll Wasser mit den Händen plätschern.
- Wind: Mit dem Mund leicht über ein Weinglas pusten.
- Regen: Reiskörner in eine Pappschachtel fallen lassen.
- Donner: Eine dünne Blechplatte oder einen Zeichenkarton schütteln.
- Wellen: Mit den Händen in einer Schüssel voll Wasser vorsichtig plätschern.
- Rudern: Kleine Stöckchen in eine Schüssel voll Wasser tauchen und rhythmisch im Wasser bewegen.
- Bach: Mit einer Gießkanne einen schmalen Wasserstrahl in eine Schüssel voll Wasser gießen.
- Hufgetrappel: Mit den Händen rhythmisch auf die Oberschenkel schlagen und gleichzeitig die Füße im Takt bewegen.
- Knistern eines Feuers: Zellophanfolie langsam zerknüllen.
- Biss in einen Apfel: In eine Stange Sellerie beißen.
- Türquietschen: Eine schlecht geölte Schraubzwinge langsam zusammendrehen.
- Vogelflattern: Einen Lederhandschuh wedeln.

Natürlich lassen sich auch mit anderen Alltagsgegenständen und Orff-Instrumenten sehr eindrückliche Trickfilmgeräusche aufzeichnen. Ideal ist es, wenn sich schon zu Beginn des Trickfilmprojekts in der Klasse eine Kleingruppe findet, die sich für das Suchen und Erstellen von passenden Geräuschen verantwortlich weiß. Parallel zu den Filmaufnahmen kann diese Gruppe dann bereits daran arbeiten, Geräuschquellen zu finden und das passende Sounddesign zu entwickeln und aufzunehmen. Der Ton-Arbeitsgruppe kommt dabei eine wichtige Aufgabe zu. Durch die passenden Geräusche unterstützt sie den Film in seiner Wirkung auf den Zuschauer. Außerdem können Geräusche auf Dinge hindeuten, die im Bild nicht zu sehen, aber trotzdem vorhanden sind. Wenn beispielsweise zum Bild einer geschlossenen Tür Schritte zu hören sind, weiß der Zuschauer, dass sich jemand dieser Tür nähert, auch wenn im Bild keine Person zu sehen ist. Lautes Hufgetrappel, Stimmengewirr und bedrohliche Musik genügen um zu erklären, warum die Israeliten vor einer Staubwolke flüchten. Die ägyptischen Verfolger auf ihren Streitwagen müssen dazu im Bild nicht unbedingt gezeigt werden. Geräusche gehören entscheidend zur Dramaturgie des Films. Sie müssen auch nicht hundertprozentig synchron zum Bild ablaufen. Unserem menschlichen Gehirn genügt es, wenn die Bewegung im Bild und das gehörte Geräusch in Rhythmus und Intensität ungefähr übereinstimmen. Verfremdungen und überzogene Geräuschgestaltung verleihen dem Trickfilm eine komische Komponente, wenn beispielsweise das Motorengeräusch von Rennwagen zu hören ist und dazu die drei Weisen auf ihren Kamelen ins Bild ziehen.

Damit sich die Geräusche-Arbeitsgruppe gut in ihre Aufgaben einfinden kann, sollte die Lehrkraft kurze Filmausschnitte mit und ohne Ton vorbereitet haben. Es genügt, wenn dazu zwei ein- bis zweiminütige Sequenzen ausgewählt werden – eine davon mit, die andere ohne Ton. Mithilfe der Arbeitsblätter M10 und M11, den beiden Filmausschnitten und dem Storyboard zum eigenen Trickfilm machen sich die jungen Geräuschemacher mit ihrer Aufgabe vertraut.

Die Atmosphäre

Ein hilfreiches Werkzeug für die Arbeit der Geräuschemacher stellt das Computerprogramm „Atmosphere Lite" von Vectormedia Software dar. Dieses Klangerzeugungsprogramm kann kostenlos aus dem Internet heruntergeladen werden. Mit diesem Freewareprogramm lassen sich im Handumdrehen eindrucksvolle Klangkulissen für den eigenen Trickfilm generieren. Dazu kann man aus vielen Grund- (z. B. „Wald", „Nacht", „Regen" usw.) und Zusatzgeräuschen (z. B. „Möwen", „Eulen" usw.) auswählen, diese unterschiedlich miteinander kombinieren und

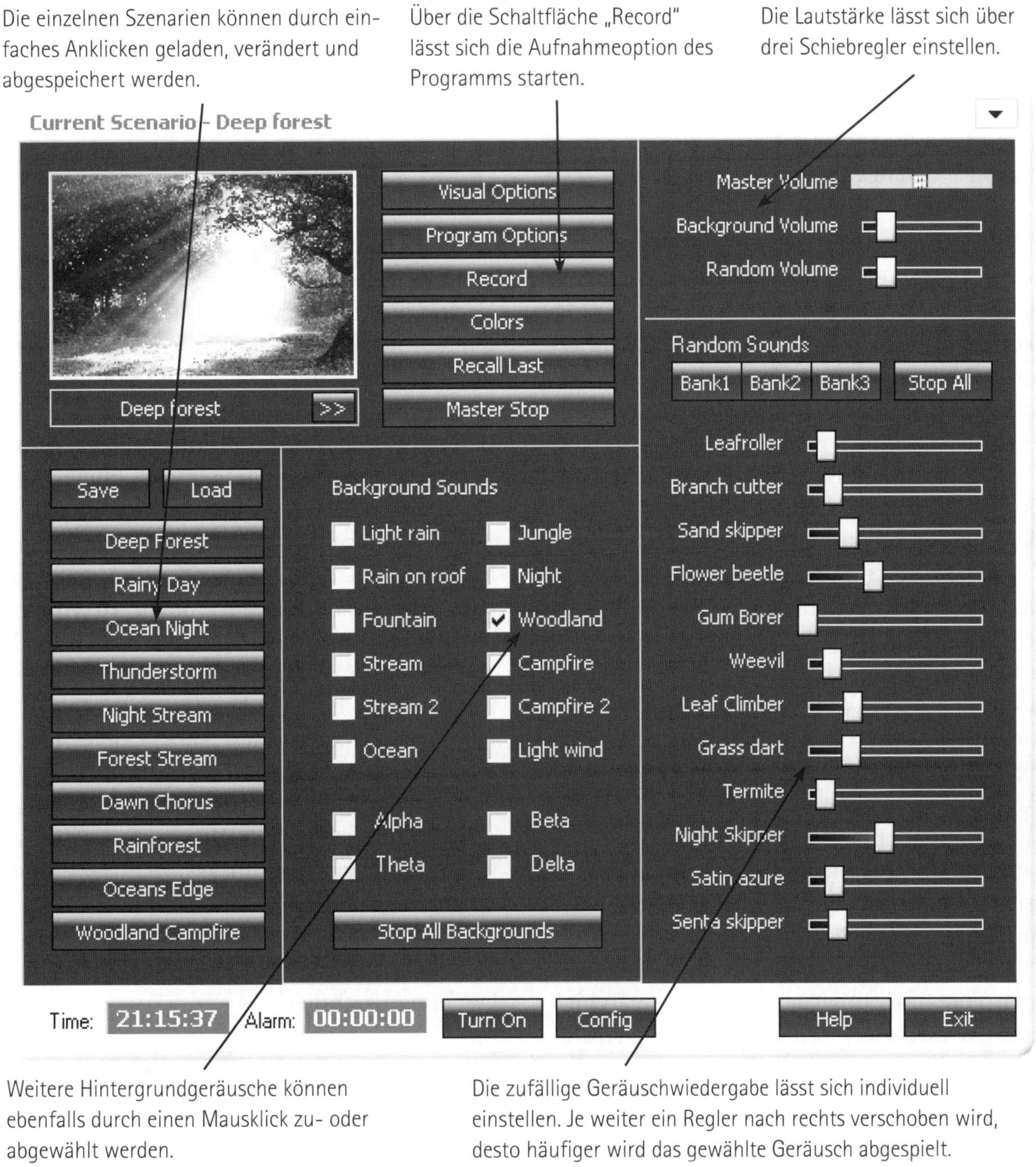

Die einzelnen Szenarien können durch einfaches Anklicken geladen, verändert und abgespeichert werden.

Über die Schaltfläche „Record" lässt sich die Aufnahmeoption des Programms starten.

Die Lautstärke lässt sich über drei Schiebregler einstellen.

Weitere Hintergrundgeräusche können ebenfalls durch einen Mausklick zu- oder abgewählt werden.

Die zufällige Geräuschwiedergabe lässt sich individuell einstellen. Je weiter ein Regler nach rechts verschoben wird, desto häufiger wird das gewählte Geräusch abgespielt.

Abbildung 28: Die wichtigsten Funktionen des Freeware-Programms „Atmosphere Lite".

Über den „Record"-Button wird die Aufnahme der gestalteten Klangszene gestartet. Sie kann in einem beliebigen Ordner auf dem Computer gespeichert werden.

Mit dem Regler „Recording Sensitivity" kann die Aufnahme ausgesteuert werden. Der Aufnahmepegel (rechts) sollte dabei nicht in den roten Bereich kommen.

Abbildung 29: Das Aufnahmefenster von „Atmosphere Lite" ermöglicht es, das gestaltete Klangszenario als Klangdatei aufzuzeichnen.

so die richtige Klangatmosphäre gestalten. Die selbst vorgenommenen Einstellungen können abgespeichert, als Tondatei im *.wav- oder *.mp3-Format aufgezeichnet und dadurch später im Videoschnittprogramm eingefügt werden.

Das Programm ist derzeit zwar nur in englischer Sprache erhältlich, es lässt sich allerdings sehr intuitiv und einfach bedienen. „Atmosphere Lite" eignet sich besonders dafür, authentische Naturklangkulissen für den eigenen Film zu gestalten, ganz gleich ob es sich dabei um eine Szene am nächtlichen Lagerfeuer, im Wald oder am Meer handelt. Bereits die vorgefertigten Atmosphären bieten den Geräuschemachern viele Möglichkeiten.

Nicht immer lassen es die Zeit und der Materialfundus zu, eigene Geräusche zu produzieren. Deshalb sind Geräuscherzeugungsprogramme wie „Atmosphere Lite" wichtige Werkzeuge für die Nachbearbeitung des eigenen Trickfilms. Aber auch Geräuschearchive auf CD oder im Internet sind eine wichtige Fundgrube für passende Klänge. Einige Internetarchive bieten sogar die Möglichkeit, Geräusche und Klangeffekte kostenfrei herunterzuladen. Werden solche vorproduzierten Geräusche in das eigene Filmprojekt ein-

gebunden, so muss sich die Lehrkraft im Vorfeld unbedingt über die Nutzungsbedingungen informieren. In der Regel sind diese im CD-Booklet abgedruckt oder auf der entsprechenden Internetseite zu finden. Wer alle Geräusche, Stimmen und Musikstücke selbst aufnehmen kann, ist jedenfalls immer auf der sicheren Seite.

Als Geräuschemacher müssen die Schülerinnen und Schüler auch darauf achten, dass eine Szene klanglich nicht zu vollgepackt wird. Es ist nicht wichtig, dass wirklich alles, was im Bild zu sehen ist, ein eigenes Geräusch zugeordnet bekommt. Die einzelnen Geräusche können sonst nicht mehr gut wahrgenommen werden und das Gehörte verschwimmt zu einem undefinierbaren Geräuschewirrwarr. Besser ist es, einzelne, klare und ausdrucksstarke Geräusche zu verwenden.

Die Tonaufnahmen

Die Tonspur sollte bereits in der Planungsphase des Projekts mitbedacht werden. Sinnvoll ist es, die an den Tonaufnahmen interessierten Schülerinnen und Schüler in Geräuschemacher und Dialogschreiber/Sprecher einzuteilen. Bereits beim Entwickeln des Storyboards bzw. des Drehbuchs bringen diese Gruppen ihre Ideen und Vorstellungen ein. Die Texte wirken im späteren Film besonders natürlich, wenn die Schülerinnen und Schüler möglichst in ihrer eigenen Wortwahl sprechen dürfen und die Texte entsprechend selbst formulieren. Für die Aufzeichnungen der Texte ist es am einfachsten, wenn die Sprecherinnen und Sprecher gemeinsam Szene für Szene aufnehmen. Dazu versammeln sie sich um ein Mikrofon, das an einem Computer mit Videoschnittsoftware angeschlossen ist. Während des Einsprechens kann der bereits zusammengefügte Film im Schnittprogramm abgespielt werden. Das erleichtert den Schülerinnen und Schülern, den Text synchron zu den Bewegungen der Figuren einzusprechen. Um ein Übersteuern bei kräftigen P- und S-Lauten zu vermeiden,

sollte das Mikrofon mit einem Ploppschutz ausgestattet sein.

Bei der Tonaufnahme von Texten, Musik und Geräuschen muss auf einen möglichst gleichbleibenden Abstand zum Mikrofon geachtet werden. Für Sprechertexte ist in der Regel ein Abstand von 30 bis 50 cm ideal. Gezielt eingesetzt kann allerdings auch eine Variation dieses Abstandes eine lebendige und räumliche Atmosphäre schaffen. Hält sich im Trickfilm beispielsweise eine Figur weiter entfernt oder in einem anderen Raum auf, steht auch der Sprecher bei der Tonaufnahme im Hintergrund. Ergänzend dazu kann der Sprecher auch einen Zeichenkarton einige Zentimeter vor seinen Mund halten. Dadurch wird die aufgezeichnete Stimme etwas abgedämpft und im späteren Film entsteht der klangliche Eindruck, dass sich diese Figur in einem anderen Raum aufhält.

M10 | Geräusche assoziieren

1.) Höre dir mit geschlossenen Augen die Töne und Geräusche der Filmsequenz an. Überlege dir anschließend und schreibe auf:

a) Welche Stimmungen und Gefühle kommen in dir auf?

_____

_____

b) Welche Farben kommen dir durch das Gehörte in den Sinn?

_____

_____

c) Wovon könnte dieser Filmausschnitt handeln?

_____

_____

d) Welche Geräusche fandest du besonders eindrücklich und charakteristisch?

_____

_____

2.) Sieh dir die tonlose Filmsequenz an. Überlege dir anschließend und schreibe auf:

a) Welche Stimmung soll der Zuschauer beim Betrachten dieser Szene bekommen?

_____

_____

b) Durch welche Klänge, Töne und Geräusche kann diese Stimmung unterstützt werden?

_____

_____

c) Welche Hintergrundgeräusche (Schritte, Naturklänge usw.) müssten für die Szene aufgenommen werden?

_____

_____

Aufgabe: Nehmt euch das Storyboard bzw. das Drehbuch für euren eigenen Reli-Trickfilm zur Hand. Schreibt für jede Szene eine Tabelle, welche Geräusche ihr benötigt und wie ihr diese Geräusche aufnehmen könnt.

Beispiel-Geräuschtabelle:

Geräusch/Klangkulisse:	Wie wird das Geräusch gemacht:
Hintergrundgeräusch „Nacht"	Computerprogramm „Atmosphere Lite"
Schritte „Abraham auf Sand"	Stoffsäckchen mit Sand
Flattern der Zeltplanen im Wind	Dickes Tuch wedeln und knüllen

Geräuschtabelle für Szene _____

Geräusch/Klangkulisse:	Wie wird das Geräusch gemacht:

2.4.2 Technische Grundlagen

Ist das eigene Trickfilmstudio aufgebaut und sind Figuren und Hintergründe gebastelt, dann können die Dreharbeiten für den ersten selbstproduzierten Trickfilm beginnen. Je nach technischer Ausstattung und Fähigkeiten werden die Trickbilder mit der Digitalkamera, der Videokamera oder der Webcam aufgezeichnet.

Eine Sekunde Trickfilm besteht normalerweise aus 24 (Celluloid) bzw. 25 Bildern. Diese Einzelbilder werden in der Fachsprache „Frames" genannt und zerlegen eine flüssige Bewegung in einzelne Bilder. Damit sich eine Trickfigur im späteren Animationsfilm bewegt, muss ihre Bewegung in solche Frames zerlegt werden. Dabei gibt es einige Bewegungsphasen, die auf jeden Fall vorhanden sein müssen. Diese Schlüsselbilder werden als „Keyframes" bezeichnet und geben den groben Bewegungsablauf vor. In professionellen Animationsfilmen werden diese Keyframes durch weitere Zwischenbilder („Inbetweens") verfeinert. Dadurch wirkt die spätere Bewegung flüssig.

Ansprechende Trickfilme lassen sich auch mit weniger als 24 Bildern pro Sekunde realisieren. Besonders für den Religionsunterricht, in dem nicht die technische Perfektion im Vordergrund steht, bietet sich eine Reduzierung auf 6 Bilder pro Sekunde an.

Der Arbeitsplatz

Ganz gleich mit welcher Kamera die Einzelbilder aufgezeichnet werden, eine gleichbleibende Bildqualität ist für einen gelungenen Trickfilm wichtig. Konstante Lichtverhältnisse sind dabei von entscheidender Bedeutung. Dazu sollte das Klassenzimmer, das als Aufnahmestudio dient, abgedunkelt werden. Die Deckenbeleuchtung und die eingesetzten Strahler an der Trickfilmbühne oder der Trickkiste sorgen dafür, dass die Aufnahmen immer gleich ausgeleuchtet sind – unabhängig von Tageszeit oder Wetter. Wer es mit der Beleuchtung ganz genau nimmt, sollte auch auf seine Kleidung achten und eher dunkle Farben tragen. Helle Kleidung reflektiert das Licht und erschwert eine gute Ausleuchtung der Trickfilmszene.

Ideal ist es, wenn für die Trickfilmaufnahmen ein Raum zur Verfügung steht, der sonst nicht benutzt wird und abgeschlossen werden kann. Es erspart viel Arbeit, wenn Trickfilmszene und Kamera nicht jedes Mal von Neuem aufgebaut werden müssen. Außerdem erleichtert es eine gleichbleibende Beleuchtung und eine stabile Kameraposition. Steht kein solcher Raum zur Verfügung – und kann auch im normalen Klassenzimmer keine separate Trickfilmecke abgetrennt werden – müssen Positionen der Kamera, der Trickfilmbühne und der arrangierten Szene genauestens markiert werden. Um in diesem Fall die negativen Auswirkungen auf den späteren Trickfilm so gering wie möglich zu halten, sollte der Drehtag nicht mit einer halbfertigen Szene beendet werden.

Abbildung 30: Keyframes (dunkler) und Inbetweens (heller) ergeben zusammen eine flüssige Bewegung. Zur Erleichterung des Arbeitsaufwandes reicht es aus, Bewegungen anhand der Keyframes zu animieren.

Neben Trickfilmbühne bzw. Trickfilmkiste und Kamera sollte das Filmzimmer mit einem Computer ausgestattet sein, der in der Nähe der Trickfilmszene aufgebaut wird. Jeder halbwegs moderne PC erfüllt die notwendigen Voraussetzungen:

- Prozessor mit 1,8 GHz-Taktung oder höher
- mindestens 512 MB Arbeitsspeicher
- etwa 10 GB freier Festplattenspeicher
- Grafikkarte mit einer Bildschirmauflösung von 1024 × 768
- Soundkarte mit Mikrofoneingang und Lautsprecherausgang
- USB-Anschluss (zum Anschluss einer Digitalkamera oder einer Webcam)
- Firewire-Anschluss (zum Anschluss eines Mini-DV-Camcorders)
- Videoschnittprogramm oder spezielle Stop-Motion-Software (Hinweise zu geeigneter Software finden sich weiter unten in diesem Kapitel).

2.4.3 Trickfilmkameras

Trickfilmaufnahmen für Lege- und Figurenanimationen können mit jeder digitalen Fotokamera, mit einem Camcorder oder einer Webcam aufgezeichnet werden. Unterschiede gibt es dabei nicht nur bei der Bildauflösung und Tiefenschärfe, sondern auch bei der Verwendbarkeit. Deshalb lohnt es sich im Vorfeld des ersten Trickfilmprojekts, die Vorzüge und Funktionsweisen der unterschiedlichen Kameras kennen zu lernen.

Einzelbildaufnahme mit der Digitalkamera

Eine gute Möglichkeit, selbstgestaltete Bilder und Figuren zu animieren, ist die Einzelbildaufnahme mit der Digitalkamera. In der Regel verfügen Digitalkameras über eine sehr gute Auflösung, die wesentlich höher ist als bei hochauflösenden Fernsehgeräten. Daher ist es völlig ausreichend, wenn die zur Verfügung stehende Digitalkamera

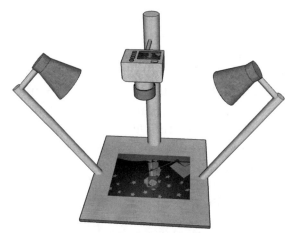

Abbildung 31: Als Arbeitsfläche für Legetrickfilme eignen sich auch spezielle Reprotische. Die Kamera wird – ähnlich der Trickkiste aus Kapitel 2.3 – rechtwinklig über der gestalteten Trickszene montiert.

mit 2.048 × 1.536 Bildpunkten fotografieren kann. Auch niedrigere Auflösungen (z.B. 1.600 × 1.200 Pixel) liefern noch sehr gute Ergebnisse. Wer einen Trickfilm in bester Kinomanier umsetzen will, sollte über eine Digitalkamera verfügen, die neben dem klassischen 4:3-Fernsehbildformat auch in einen speziellen 16:9-Modus wechseln kann. Mit einer digitalen Spiegelreflexkamera lassen sich sogar Trickfilme realisieren, die auch auf Kinoleinwänden und bei Filmfestivals einen richtig guten und scharfen Eindruck hinterlassen.

Für eine hohe und konstant bleibende Bildqualität darf die Kamera nicht im Automatic-Modus betrieben werden. Die manuelle Einstellung der Kamera (Fokus, Weißabgleich, Belichtung) verhindert, dass die Kamera zwischen einzelnen Aufnahmen selbstständig den Fokus und die Belichtung reguliert und verändert. Der manuelle Weißabgleich sollte mit einem hellgrauen Blatt Papier, nicht mit einem weißen vorgenommen werden, da Weiß das Licht zu stark reflektiert und die Farbsättigung bei den späteren Aufnahmen unnatürlich satt und grell wirken lässt. Wurde die Kamera zu Beginn des Trickfilmprojekts einmal ordentlich eingestellt, sollten diese Einstellungen während des gesamten Projekts nicht mehr verändert werden. Auch Zoom-Effekte und Kamerafahrten sollten nach Möglichkeit nicht während der Aufnahme, sondern nachträglich am Computer erzeugt werden. Je höher die Auflösung der Bilder ist, desto leichter lassen sich solche Nachbearbeitungen am Computer umsetzen, da dafür bestimmte Bildausschnitte vergrößert dargestellt werden müssen.

Für die Trickfilmarbeit muss die Digitalkamera häufig in sehr geringem Abstand an die zu fotografierenden Objekte und Figuren herangestellt werden – z. B. für eine Groß- oder Detailaufnahme einer Knetfigur. Damit das Bild auch bei Nahaufnahmen scharf bleibt, muss in der Regel ein Mindestabstand von 5 cm zwischen Kamera und Figur eingehalten werden. Erleichtert werden Nahaufnahmen durch einen Makro-Modus, über den manche Digitalfotoapparate verfügen. Neben dieser Spezialfunktion ist es sehr hilfreich, wenn der Auslöser der Kamera ferngesteuert werden kann. Einige Modelle bieten die Möglichkeit, eine Kabel- oder Infrarotfernbedienung anzuschließen. Dadurch wird gewährleistet, dass die Kamera während des Fotografierens nicht verrutscht und jedes Bild aus der exakt gleichen Position aufgenommen wird. Noch besser ist es, wenn diese Fernauslösung direkt über den Computer erfolgen kann. In diesem Fall werden die Bilder direkt im Videoschnittprogramm aufgezeichnet und sofort auf der Festplatte gespeichert. Dazu muss die verwendete Kamera über eine spezielle Remote-Capture-Software verfügen. Diese Funktion bietet außerdem den Vorteil, dass das fotografierte Einzelbild nicht nur über das relativ kleine Display der Kamera, sondern über das deutlich größere Aufnahmefenster des Programms betrachtet werden kann. Viele Digitalkameras des Herstellers Canon bieten diese Möglichkeit. Verfügt die verwendete Kamera nicht über eine Remote-Capture-Funktion, müssen die Einzelbilder auf die interne SD-Karte des Fotoapparats aufgenommen und später per USB-Kabel oder Kartenlesegerät auf die Festplatte des Computers überspielt werden.

Einzelbildaufnahmen mit der Webcam

Für das Aufnehmen von Figurentrickfilmen eignen sich auch Webcams, die bereits ab 20 Euro in brauchbarer Qualität erhältlich sind. Mit einem USB-Kabel wird die Webcam an den Computer angeschlossen und nimmt so über spezielle Software (z. B. Videoschnittprogramm oder eines der vielen Freeware-Capturing-Programme) Einzelbilder direkt auf die Festplatte des Computers auf. Wie bei der Digitalkamera muss auch die Webcam auf einem Stativ oder Tisch fest angebracht werden. Einige Modelle verfügen dazu über Klemmen, mit denen sie an einen Tisch oder ein anderes Stativ festgeklemmt werden können. Webcams mit einem flachen Gehäuse eignen sich daneben auch sehr gut, um sie für spezielle Aufnahmen direkt in das aufgebaute Trickfilmset hineinzustellen. Kontrolliert werden die Aufnahmen über den PC-Bildschirm. Webcams lassen sich einfach und komfortabel bedienen und bieten eine Bildqualität, die in jedem Fall ordentlich ausfällt. Im direkten Vergleich zu Digitalkameras und Camcordern liefern Webcams allerdings eine geringere Auflösung. Der Standard liegt hier bei 640 × 480 Pixel. Einige Modelle von Logitech und Microsoft können allerdings auch mit höheren Auflösungen arbeiten und bieten außerdem die Möglichkeit, in einen 16:9 Bildmodus zu wechseln. Die Bildqualität einer Webcam reicht durchaus, um den eigenen Film im Internet oder auf DVD zu präsentieren. Beim Kauf einer Webcam sollte man darauf achten, dass die eventuell vorhandene Facetracking-Funktion abschaltbar ist, da die Kamera sonst automatisch zoomt und so die Aufnahme negativ beeinflusst.

Die kostengünstigen, robusten und einfach zu bedienenden Webcams eignen sich besonders gut für den Einstieg in die aktive Trickfilmarbeit.

Einzelbildaufnahmen mit dem Camcorder

Moderne Camcorder zeichnen Filme und Einzelbilder normalerweise auf Mini-DV-Kassetten auf. Für die Trickfilmarbeit müssen die Einzelbildaufnahmen der Kamera aber direkt auf die Festplatte des Computers gespeichert werden. Aufnahmekassetten sind dazu nicht nötig. Stattdessen wird die Kamera über ein Firewire-Kabel mit dem PC verbunden und kann nun – ähnlich einer Webcam – direkt vom Computer bzw. von der Videoschnitt- oder Trickfilmsoftware angesteuert werden. Im Aufnahmefenster der Software erscheint dann wieder eine größere Vorschau der gestalteten Szene, die von der Kameralinse eingefangen wird.

Camcorder eignen sich nicht nur wegen ihrer guten Auflösung für eigene Trickfilmprojekte, sondern auch deshalb, weil sich wichtige Einstellungen wie Fokus, Belichtung und Weißabgleich manuell vornehmen lassen. Einmal eingestellt liefert die Kamera im manuellen Modus eine gleichbleibende Bildqualität. Der Automatic-Modus würde beim Aneinandersetzen der Einzelbilder ein Flackern im Film verursachen, da der Camcorder Belichtung und Fokus von Bild zu Bild automatisch einstellen würde, wodurch sich ein Helligkeitsunterschied zwischen den einzelnen Bildern ergibt. Natürlich ist auch bei der Arbeit mit der Videokamera ein ausreichend stabiles und sicher stehendes Stativ eine wichtige Voraussetzung für gelingende Trickfilmaufnahmen. Alternativ zum Stativ kann ein Camcorder auch mit der selbstgebauten Trickkiste betrieben werden.

Mini-DV-Camcorder sind ein sehr guter Mittelweg zwischen Webcam und einer hochwertigen digitalen Fotokamera. Sie lassen sich komfortabel und einfach bedienen, bieten viele Einstellmöglichkeiten und liefern in der Regel sehr gute Resultate.

Einzelbilder auf den Computer übertragen

Der komfortabelste Weg, die Einzelbilder auf der Festplatte des Computers abzuspeichern, ist, die Kamera direkt über eine geeignete Videoschnitt- oder Stop-Motion-Software anzusteuern. Die Bilder werden dann auf die Festplatte und nicht auf das Speichermedium der Kamera aufgenommen. Im Videoschnittprogramm muss dazu die „Einzelbildaufnahme" gewählt werden. Wird eine spezielle Stop-Motion-Software verwendet, muss in der Regel nur die entsprechende Kamera als Aufnahmequelle ausgewählt werden. Anschließend wird ein Name für das zu speichernde Bild eingegeben. Das Programm nummeriert die folgenden Bilder automatisch aufsteigend. Bei der Nummerierung sollten genügend Nullen vorangestellt werden (z.B. Aufnahme0001). Dadurch werden die Bilder immer in der richtigen Reihenfolge aufgelistet, auch dann, wenn das Programm die Dateinamen alphabetisch sortiert.

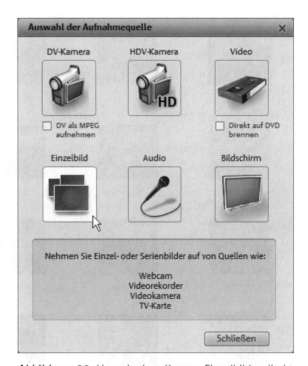

Abbildung 32: Um mit einer Kamera Einzelbilder direkt auf der Festplatte zu speichern, wird im Aufnahmemenü des Videoschnittprogramms (hier „Magix Video deluxe 16 Plus") die Einzelbildaufnahme gewählt.

Wird für die Aufnahme der Einzelbilder beispielsweise eine digitale Fotokamera verwendet, die nicht direkt von der Software aus ferngesteuert werden kann, speichert die Kamera die Bilder zunächst auf der internen SD-Karte. Anschließend müssen die Einzelbilder per USB-Kabel oder über ein Kartenlesegerät in den Computer übertragen werden. Diese Arbeitsweise ist nicht nur umständlicher, sondern hat den Nachteil, dass die Qualität der Fotos erst nach dem Übertragen auf den PC beurteilt werden kann. Unscharfe oder nicht gelungene Aufnahmen können dann nur schwer und häufig nur mit großem Aufwand neu fotografiert werden. Um die Einzelbilder in der Computersoftware zu einem Film zusammenzusetzen, müssen die Einzelbilder über die Import-Funktion in das Programm geladen werden.

2.4.4 Trickfilmsoftware

Für die Arbeit an eigenen Trickfilmprojekten bietet der Softwaremarkt unterschiedliche Programme. Die Bandbreite reicht dabei von kostenfreien, einfach und übersichtlich gehaltenen Programmen für Trickfilmneulinge bis hin zu professioneller Software, die Animationsfilme im Stil der großen Trickfilmstudios möglich macht. Deshalb lohnt sich ein kurzer Blick auf unterschiedliche Programme.

Trickfilme mit „Windows Movie Maker"

Mit dem „Movie Maker" bietet Microsoft ein einfaches Videoschnittprogramm an, das mit dem Betriebssystem Windows auf dem Rechner installiert wird. Wer also über einen Windows-PC verfügt, hat damit auch schon die geeignete Software für erste Gehversuche in der Welt der Animation.

Abbildung 33: Der Arbeitsplatz des „Windows Movie Maker". Die Einzelbilder können über die Schaltfläche „Bilder importieren" bequem in das Programm geladen, per „drag & drop" auf die Zeitachse oder das Storyboard gezogen und dort bearbeitet werden.

Da „Windows Movie Maker" keine Einzelbildaufnahme ermöglicht, müssen die Bilder als Datei (z. B. im jpg-Format) auf dem Computer liegen. Hierin liegt sicher auch einer der größten Nachteile im Vergleich zu anderer Software. Damit eignet sich „Movie Maker" nur für Trickfilme mit der Digitalkamera. Dafür genügt allerdings schon eine einfache Kamera ohne die oben beschriebene Remote-Funktion.

Die Abspieldauer der Einzelbilder kann über das Menü „Extras" → „Optionen" → „Erweitert" eingestellt werden. Dort kann die Dauer für die Bilder z. B. auf 0.250 Sekunden eingestellt werden. Haben alle Bilder die gleiche Länge, wirken Anfang und Ende der Animation allerdings sehr abrupt. Daher sollten das erste und das letzte Bild einer Szene immer etwas länger sein. Beide Bilder können mit dem Mauszeiger auf eine Länge von etwa 2 Sekunden gezogen werden. Dies ermöglicht dem Betrachter, sich in die Szene einzufinden und sie am Ende loszulassen.

„Movie Maker" bietet viele vorgefertigte Effekte und Blenden an und ermöglicht es, Titel und Nachspann hinzuzufügen. Professionellere Effekte wie Chroma-Keying (Bluebox/Greenbox), wodurch ein Objekt vor einem einfarbigen (blauen oder grünen) Hintergrund fotografiert wird, der im Computer durch ein Foto oder Video ersetzt werden kann, sind jedoch nicht möglich.

Zur Vertonung des eigenen Trickfilms können Audiodateien importiert oder per Mikrofon direkt auf die Tonspur des Programms aufgenommen werden. Auch hier bietet die Software einige Effekte und Werkzeuge zur nachträglichen Klangbearbeitung.

Eine Kurzanleitung zum Erstellen eines Trickfilms mit „Windows Movie Maker" findet sich in Kapitel 4.1 (M18) dieses Buches.

Trickfilme mit „Magix Video deluxe"

Wer mit ausgefeilteren Effekten und mehreren Bild- und Tonspuren arbeiten möchte, bekommt mit „Magix Video deluxe" ein um-

Abbildung 34: Die Dauer der Einzelbilder kann in „Magix Video deluxe" über die Schaltfläche „Fotolänge" (rechts unten) eingestellt werden.

Abbildung 35: In „Magix Video deluxe" kann die Fotolänge mit einem Rechtsklick auf das entsprechende Foto auch nachträglich geändert werden.

fangreiches und dennoch einfach zu bedienendes Videoschnittprogramm. In der einfachsten Ausführung ist das Programm bereits ab 70 Euro erhältlich. Für die Nutzung im Unterricht muss eine Klassenraumlizenz erworben werden.

Mit „Magix Video deluxe" können über eine angeschlossene Webcam oder einen Camcorder Einzelbilder direkt auf die Festplatte des Rechners aufgezeichnet werden. Die Produktion eigener Lege- oder Figurentrickfilme wird dadurch erheblich erleichtert.

Besonders hilfreich ist auch, dass die Abspieldauer der Einzelbilder gleich im Aufnahmemenü eingestellt werden kann. Standardmäßig ist dieser Wert auf 2 Bilder eingestellt. Da für jede Trickfilmsekunde 24 Bilder benötigt werden, ergibt sich aus der eingestellten Fotolänge von 2 Bildern, dass der aufgenommene Trickfilm aus 12 Einzelbildern pro Sekunde besteht. Natürlich lässt sich der Arbeitsaufwand noch weiter erleichtern, indem man die Fotolänge beispielsweise auf 4 Bilder setzt. Dann müssen nur noch 6 Einzelaufnahmen für eine Sekunde Trickfilm gemacht werden.

Natürlich kann „Magix Video deluxe" auch Einzelbilder, die z.B. von einer Digitalkamera oder einem Scanner auf die Festplatte übertragen wurden, importieren und bearbeiten. Bevor die Bilder jedoch in das Programm geladen werden, sollte die Auflösung des Films, der erstellt werden soll, den Auflösungen der Einzelbilder entsprechen („Datei" → Einstellungen" → „Film"). Anderenfalls ergeben sich Qualitätseinbußen, z.B. sehr unscharfe Bilder. Für die importierten Bilder ist eine Standardfotolänge von 7 Sekunden eingestellt. Diese Länge passt sicher für eine Diashow, für einen Trickfilm ist sie ungeeignet. Über einen Rechtsklick auf eines der importierten Bilder öffnet sich das Bearbeitungsmenü für das gewählte Bild. Im Menüpunkt „Fotolänge ändern" kann die Abspieldauer auf z.B. 00:00:04 Sekunden eingestellt werden. Um nicht jedes Bild einzeln einstellen zu müssen, genügt ein Klick auf die Schaltfläche „Auf alle anwenden". Damit die Animation ruhig anläuft und endet, sollte die Länge für das erste und das letzte Bild auf eine Länge von etwa 2 bis 4 Sekunden gesetzt werden.

Viele Effekte und Kamerafahrten können bequem per „drag & drop" auf die gewünschten Bilder gezogen werden. Soll ein Videoeffekt (z.B. eine Kamerafahrt) über mehrere Frames gehen, müssen die entsprechenden Bilder vorher gemeinsam markiert sein. Auch professionelle Effekte sind möglich – z.B. das Arbeiten mit Green- oder Bluescreen. Darüber hinaus besteht die Möglichkeit, Audiodateien zu importieren bzw. über ein angeschlossenes Mikrofon aufzuzeichnen und nachzubearbeiten.

Der fertig gestellte Film kann mit „Magix Video deluxe" direkt auf DVD gebrannt oder in das Internetfilmportal YouTube geladen werden.

Eine Kurzanleitung zum Erstellen eines Trickfilms mit „Magix Video deluxe" findet sich in Kapitel 4.2 (M23) dieses Buches.

Trickfilme mit „Stop Motion Pro"

Neben klassischen Videoschnittprogrammen gibt es mittlerweile eine Vielzahl an spezieller Trickfilmsoftware, die sich – je nach Version – an Einsteiger, Hobbytrickfilmer oder professionelle Animationsstudios richtet.

Das Trickfilmprogramm „Stop Motion Pro" wurde dabei speziell für klassische Animationstechniken wie Knet-, Figuren- oder Legetrick entwickelt und wurde auch für die Produktion von „Wallace & Gromit" eingesetzt. In der einfachsten Version bietet es bereits alles, was man sich für den Einstieg in die Welt des Trickfilms wünscht. Ausgelegt ist das Programm für die Einzelbildaufnahme über Webcam, Camcorder oder Canon Digitalkamera. Die Software erkennt die angeschlossenen Aufnahmegeräte und ermöglicht gleich bei Programmstart die Auswahl der gewünschten Bildquelle. Wird kein Aufnahmegerät ausgewählt, lassen sich über „Datei" → „Einzelne Dateien importieren" Einzelbilder öffnen und bearbeiten. Die Abspieldauer kann je nach Programmversion auf 5 bis 30 Bilder pro Sekunde gesetzt werden.

Abbildung 36: Mit einem Rechtsklick auf die Schaltfläche „fps" lassen sich in „Stop Motion Pro" die Anzahl der Bilder pro Sekunde einstellen bzw. verändern.

Abbildung 37: In „Stop Motion Pro" lässt sich die hilfreiche Onionskin-Funktion per Schiebregler aktivieren.

Im Editor-Modus können Einzelbilder ausgeschnitten, verborgen oder kopiert werden. Die speziellen Werkzeuge für Tonsynchronisation, Audioaufnahme, Chroma-Keying (Greenscreen bzw. Bluescreen) und zum Bemalen der Frames sind übersichtlich und auch von jüngeren Schülerinnen und Schülern gut zu bedienen. Um Animationen bereits bei der Aufnahme flüssig zu gestalten, bietet „Stop Motion Pro" eine sog. Onionskin-Funktion. Dabei werden das aktuell aufzunehmende und das unmittelbar vorher fotografierte Bild transparent – wie eine Zwiebelhaut – übereinandergelegt. Die vorgenommene Veränderung an der Figur lässt sich so gut im Kontext des gesamten Bewegungsablaufs überprüfen.

Ein besonderes Highlight ist die Möglichkeit, die fertige Animation als Daumenkino zu drucken („Datei" → „Als Daumenkino ausgeben"). Der fertige Film wird als Videodatei gespeichert, um ihn auf DVD zu brennen oder ins Internet zu laden. Natürlich lässt sich die fertige Datei auch in ein Videoschnittprogramm importieren, um dort weitere Effekte hinzuzufügen.

Eine Kurzanleitung zum Erstellen eines Trickfilms mit „Stop Motion Pro Action!" findet sich in Kapitel 4.3 (M30) dieses Buches.

Freeware-Programme

Mittlerweile sind im Internet auch einige kostenfreie Animationsprogramme erhältlich. Meist ist diese Software nur in englischer Sprache verfügbar. Hilfreiche Anleitungsvideos (z. B. auf YouTube) ermöglichen dennoch eine gute Einarbeitung. Viele dieser Animationsprogramme sind sog. Stop-Motion-Software. Das heißt sie sind ideal für klassische Figuren- oder Legetrickfilme geeignet und ermöglichen die Einzelbildaufnahme über Camcorder, Webcam oder Digitalkamera. Mit dem Programm „AnimatorDV Simple+" ist z. B. eine Freewarevariante des kommerziellen Programms „AnimatorHD" erhältlich. Tipps zu geeigneter Software finden sich in vielen Stop-Motion-Foren, in denen sich Hobbytrickfilmer austauschen.

Trickfilmszenen vor dem blauen Schirm

Aus alten und neuen Kinoklassikern ist eine Tricktechnik bestens bekannt, mit denen sich auch im eigenen Reli-Trickfilm eindrucksvolle Effekte erzielen lassen. Dazu wird die Trickfigur vor einem einfarbigen grünen oder blauen Hintergrund aufgenommen. Im Computer wird dieser Hintergrund später herausgefiltert und durch ein anderes Hintergrundbild (z. B. ein Foto oder ein Video) ersetzt. Chroma-Keying oder Bluescreen bzw. Greenscreen wird diese Technik genannt, mit der auch die ganz großen Filmstudios viele ihrer Spezialeffekte umsetzen.

Im eigenen Trickfilm eignet sich diese Technik nicht nur um z. B. Trickfiguren vor Foto- oder Videohintergründe zu setzen. Auch dort, wo Hilfsstützen benutzt werden müssen, z. B. wenn eine Knetfigur in die Luft springen soll, ist Chroma-Keying eine wichtige Hilfe. Wird die Figur auf einen grünen oder blauen Sockel und vor einem grünen oder blauen Hintergrund fotografiert, erscheinen Sockel und Hintergrund später im Computer transparent und können durch andere Bilder ersetzt werden. Wichtig ist allerdings, dass die Screen-

Abbildung 38: Durch das Chroma-Keying in „Stop Motion Pro Action!" kann der blaue Hintergrund schon während der Aufnahme durch ein Landschaftsfoto ausgetauscht werden.

farbe nicht in der Trickfigur auftaucht. Durch den Chroma-Key-Effekt würden sonst auch diese Stellen durchsichtig.

Filme im Internet veröffentlichen

Damit der Reli-Trickfilm auch über das Schulhaus hinaus zu sehen ist, eignet sich die Präsentation im Internet. Egal ob dafür die schuleigene Internetseite oder ein Filmportal wie YouTube genutzt wird, es ist nötig, den Trickfilm zunächst zu komprimieren. Einige Videoschnitt- oder Animationsprogramme können den Trickfilm bereits in einem entsprechenden Format exportieren. „Magix Video deluxe" bietet daneben sogar einen umfangreichen Assistenten zur Veröffentlichung auf YouTube und Vimeo. Auch über „Windows Movie Maker" oder den kostenfreien „Real-Producer" kann der eigene Trickfilm in ein webfähiges Format gespeichert werden.

Um den komprimierten Film bei YouTube zu veröffentlichen, muss lediglich ein Profil auf youtube.com angelegt werden. Anschließend kann die eigene Animation auf den Server geladen werden. Eine schnelle Internetverbindung ist dafür die wichtigste Voraussetzung.

Natürlich sollten die Schülerinnen und Schüler gleich nach Veröffentlichung des Films ihren Familien und Freunden per E-Mail den Link zu ihrem Film schicken. Auch ein Handzettel, der an der Schule verteilt werden kann, ist eine gute Möglichkeit, Reklame für den eigenen Film im Internet zu machen.

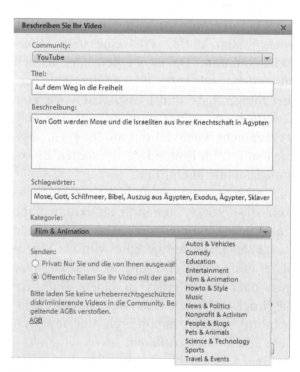

Abbildung 39: „Magix Video deluxe" bietet einen Assistenten zum Internetupload eigener Filme.

2.5 Alles was Recht ist

Wer im Schulunterricht mit Medien arbeiten möchte, sollte zumindest einige rechtliche Grundpfeiler kennen, denn egal ob im eigenen Trickfilmprojekt Fotos, Musikstücke, Geräusche oder spezielle Software eingesetzt werden, es sind davon immer die Rechte Dritter betroffen. Damit beim eigenen Trickfilmprojekt keine Rechtsverletzung stattfindet, lohnt sich ein kurzer Blick auf das Urheberrecht, Softwarelizenzen, die die Nutzung in der Schule regeln, und Internetressourcen, die Fremdmaterial zur Einbindung in die eigene Arbeit zur Verfügung stellen.

Das Urheberrecht

Jeder, der ein Bild fotografiert, ein Video filmt oder ein Musikstück komponiert und aufzeichnet, ist Urheber. Er ist Schöpfer eines kreativen Werks und hat damit das alleinige Recht, über die Vervielfältigung, Veröffentlichung und Verwendung seines Werkes zu entscheiden. Geregelt werden die Interessen und Rechte der Urheber im Urheberrechtsgesetz (UrhG). Das Urheberrechtsgesetz kann als kostenloses PDF-Dokument aus dem Internet geladen werden (www.urheberrecht.org/topic/Info-RiLi/final/UrhG-2003-kons.pdf).

Für das eigene Trickfilmprojekt bedeutet das Urheberrechtsgesetz, dass Fremdmaterialien (z.B. Musikstücke oder Geräusche von CDs, Videosequenzen oder Fotos) nur mit Genehmigung des Urhebers verwendet werden können. Das gilt auch dann, wenn der fertige Film nicht vorgeführt wird. In den meisten Fällen werden die Interessen und Rechte der Urheber von einer Verwertungsgesellschaft (GEMA, VG Bild-Kunst, VG Wort, VG Film) wahrgenommen. Sie sind Ansprechpartner, wenn es z.B. darum geht, einen aktuellen Chart-Hit als Titelmelodie in den eigenen Trickfilm einzubinden. Häufig ist es allerdings aufwendig, kompliziert und mit (teilweise relativ hohen) Kosten verbunden, die entsprechenden Nutzungsrechte einzuholen. Wer dagegen selbst Urheber wird, seine eigenen Trickfilmgeräusche aufnimmt, die Titelmusik selbst komponiert (z.B. mit einfachen Orff-Instrumenten oder spezieller Musiksoftware) und nur eigenes Bildmaterial für den Trickfilm verwendet, ist hier auf der sicheren und auf der kreativeren Seite. Natürlich unterliegen auch bekannte Trickfilmfiguren dem Urheberrechtsgesetz. Deshalb sollten weder „Donald Duck" noch die „Simpsons" für den eigenen Reli-Trickfilm nachgezeichnet werden. Die eigene Kreativität ist gefragt, denn so entstehen rechtlich einwandfreie Trickfilme.

Creative Commons

Wer dennoch Fremdmaterial in die eigene Trickfilmproduktion einbinden möchte, bekommt über sog. „Creative Commons"-Lizenzen (Symbol: ⓒ) eine gute und vor allem kostenfreie Möglichkeit dazu. Creative Commons ist eine gemeinnützige Organisation, die sich für den Austausch von kreativen Inhalten über das Internet einsetzt. Über das CC-Lizenzverfahren kann ein Urheber seine Werke zum Download und zur weiteren Bearbeitung durch Dritte freigeben. Die genauen Nutzungsbedingungen dazu sind in sechs verschiedenen CC-Lizenzverträgen geregelt. Um in den eigenen Trickfilm solche Inhalte einzubinden, eignen sich alle Bilder, Videos, Musikstücke etc., die entweder mit dem CC-Lizenzvermerk „Namensnennung" (Symbol: ⓘ) oder „Namensnennung-Nicht-Kommerziell" (Symbol: ⓘ Ⓢ) gekennzeichnet sind. In diesem Fall müssen Urheber und Internetquelle den Vorgaben entsprechend im Nachspann des Trickfilms erwähnt werden. Weitere Informationen zum CC-Lizenzverfahren und Links finden sich auf der Creative Commons Webseite (www.creativecommons.org).

Softwarenutzung im Schulunterricht

Auch Computerprogramme fallen unter das Urheberrecht. Natürlich darf auch Software nicht ohne Genehmigung des Urhebers kopiert oder weitergegeben werden. Doch selbst für die schulische Nutzung gekaufter Software gilt es, einige wesentliche Punkte zu beachten. Entscheidend dafür ist der Lizenzvertrag eines Programms, der zu Beginn der Installation eingesehen werden kann. In der Regel beschränkt sich dieser Lizenzvertrag auf eine Einzelplatznutzung. Das heißt, dass das gekaufte Programm nur auf einem PC betrieben werden darf. Damit ist die Nutzung auf weiteren Rechnern oder im schulinternen Netzwerk selbst dann nicht erlaubt, wenn es sich um sog. „Education-Versionen" eines Programms handelt. Solche kostengünstigeren Softwareversionen werden von vielen Herstellern kommerzieller Software für Schüler und Lehrer angeboten. Allerdings ist auch hier die Nutzung in der Regel auf einen Arbeitsplatz und auf den Einsatz zu Lehr- und Lernzwecken beschränkt.

Soll ein Computerprogramm – z. B. ein Videoschnittprogramm – für den Einsatz im Schulunterricht eingesetzt werden, ist der Erwerb einer sog. Schul- oder Klassenraumlizenz (manchmal auch als Netzwerklizenz ausgewiesen) unbedingt erforderlich. Nur dann darf das erworbene Programm auf mehreren Rechnern installiert oder über das Netzwerk der Schule betrieben werden. Besitzt eine Schule eine Netzwerk- bzw. Mehrrechnerlizenz für Microsoft Windows, darf damit auch das Videoschnittprogramm „Windows Movie Maker" für das Trickfilmprojekt im Religionsunterricht eingesetzt werden. Für andere Video- oder Trickfilmprogramme werden von den Herstellern spezielle Netzwerk- oder Klassenraumlizenzen angeboten. Magix bietet beispielsweise mit der „Academic Suite" ein Softwarepaket an, zu dem ein Videobearbeitungs-, ein Grafik- und ein Audioaufnahmeprogramm zählen (www.magix-academic-suite.de). Die Klassenraumlizenz für dieses leistungsstarke Softwarepaket ist für knapp 400 Euro erhältlich. Auch das Trickfilmprogramm „Stop Motion Pro Action!" wird als Netzwerkversion für Schulen und andere Bildungseinrichtungen – zu einem Preis von 650 Euro – angeboten.

Wer bei seiner Trickfilmproduktion auf Freeware (z. B. „AnimatorDV Simple+", „Atmosphere Lite") oder Open-Source-Software (z. B. „StopMojo") setzt, darf die verwendeten Programme auch kopieren und auf mehreren Rechnern installieren und betreiben.

Persönlichkeitsrechte der Schülerinnen und Schüler

Kein Mensch darf ohne sein Einverständnis gefilmt, interviewt oder fotografiert werden. Wenn die Schülerinnen und Schüler während ihrer Arbeit am Trickfilm z. B. von der Lehrkraft gefilmt oder fotografiert werden, wird dieses Persönlichkeitsrecht von Bedeutung. Spätestens dann, wenn diese Making-of-Aufnahmen gemeinsam mit dem Film vorgeführt werden sollen, muss die Lehrkraft vor Beginn des Projekts das Einverständnis der Erziehungsberechtigten einholen. Ein kurzer Brief, den die Eltern unterschreiben, genügt dazu. Selbst wenn der Film nicht öffentlich präsentiert wird, ist es für die Eltern interessant, in einem persönlichen Brief zu erfahren, dass ihre Kinder im Religionsunterricht an einem Trickfilmprojekt arbeiten.

3. Erste Schritte: Trickfilmsequenzen für Einsteiger

Wer gewisse Grundregeln beherrscht, kann ohne großen Aufwand Trickfiguren zum Leben erwecken. Mit den Praxisbausteinen der folgenden Kapitel tauchen Lehrer und Schüler in die faszinierende Welt der bewegten Bilder ein: Hier beginnt ihre Trickfilmkarriere.

Dabei muss ein Trickfilm nicht immer eine ganze, abgeschlossene Geschichte erzählen. Gerade als Einstieg in die Welt der Animation eignen sich Kurzsequenzen, die einen wichtigen Ausschnitt der Gesamtgeschichte zeigen, sehr gut. Lehrkraft und Schüler bekommen dabei die Möglichkeit, in die Trickfilmarbeit einzusteigen und innerhalb von ein bis zwei Doppelstunden einen ersten Mini-Reli-Trickfilm zu produzieren.

Schon ein bis zwei Sätze genügen, um eine kleine Animationssequenz (= Miniszene) zu gestalten. Aus nahezu jeder biblischen Geschichte kann ein wichtiger Kernsatz als Inhalt für den eigenen Trickfilm herausgegriffen werden. Einzige Voraussetzung ist, dass in diesem Mini-Drehbuch Handlung und Bewegungen liegen. Einfache Trickfilmsequenzen lassen sich z.B. zu folgenden biblischen Sätzen gestalten:

- Adam und Eva (1. Mose 3,6): Und die Frau sah, dass von dem Baum gut zu essen wäre und dass er eine Lust für die Augen wäre und verlockend, weil er klug machte. Und sie nahm von der Frucht und aß und gab ihrem Mann, der bei ihr war, auch davon und er aß.
- Der gute Hirte (Ps 23,2): Er weidet mich auf einer grünen Aue und führet mich zum frischen Wasser.
- Die Hirten an der Krippe (Lk 2,16): Und sie kamen eilend und fanden beide, Maria und Josef, dazu das Kind in der Krippe liegen.

- Jesus segnet die Kinder (Mt 19,15): Und er legte die Hände auf sie und zog von dort weiter.
- Jesus und die Jünger aus Emmaus (Lk 24,30): Und es geschah, als er mit ihnen zu Tisch saß, nahm er das Brot, dankte, brach's und gab's ihnen.

Alle diese Kurzsequenzen lassen sich ohne viel Vorarbeit umsetzen, besonders dann, wenn Playmobil-, Lego- oder andere Spielzeugfiguren verwendet werden. Sollen eigene Figuren gebastelt werden (z.B. Legetrickfiguren), verlängert sich die Arbeitszeit am Kurztrickfilm um etwa eine Doppelstunde.

Die in diesem Kapitel vorgestellten Kurzprojekte (1. Mose 3,6 und Mt 19,15) lassen sich im Unterricht eins-zu-eins umsetzen. Im Vorfeld kann die Lehrkraft die Abbildungen aus den Projektskizzen vergrößern und als stichpunktartiges Storyboard in den Unterricht einbringen. Weitere Anregungen, Anleitungen (z.B. zur Videoschnitt- oder Trickfilmsoftware) und ggf. Bastelvorlagen finden sich in Kapitel 4.

3.1 Adam und Eva: Ein Minitrickfilm zu 1. Mose 3,6

Und die Frau sah, dass von dem Baum gut zu essen wäre und dass er eine Lust für die Augen wäre und verlockend, weil er klug machte. Und sie nahm von der Frucht und aß und gab ihrem Mann, der bei ihr war, auch davon und er aß.

1. Mose 3,6
Lutherbibel, revidierte Fassung 1984

Das Trickfilmset

Ein grüner Pappkarton oder ein großer Bogen grünes Tonpapier dient als Boden für die Miniszene. Dieser Karton wird mit doppelseitigem Klebeband auf einem Tisch fixiert. Anschließend wird der Tisch vor eine Wand gestellt, an der ein hellblauer Tonkarton als Hintergrund für den Trickfilm befestigt ist.

Die beiden Playmobilfiguren (Mann und Frau) werden mit wasserlöslicher Modellbaufarbe (hautfarben) bemalt. Anschließend wird ein großer Playmobilbaum in die Mitte der Trickfilmbühne gestellt. Die Früchte des Baumes können aus Knetgummi geformt werden. Nun wird die Kamera auf ein Stativ montiert und so aufgebaut, dass nur die Kulisse zu sehen ist und schon können die Trickfilmaufnahmen beginnen.

1. Teilsequenz: Adam und
Eva gehen zum Baum (ca. 18 Bilder)

Im ersten Bild sind Adam und Eva noch nicht zu sehen. Adam und Eva kommen nun langsam von rechts ins Bild. So ist im zweiten Bild nur Eva zu sehen, während von Adam nur ein Arm und ein Bein ins Bild hineinragen. Von Bild zu Bild nähern sich Adam und Eva langsam dem Baum. Zwischen den Einzelbildaufnahmen werden die Figuren in kleinen Schritten nach vorne versetzt. Diese

erste Teilsequenz ist beendet, wenn Adam und Eva direkt unter dem Baum stehen.

2. Teilsequenz: Eva hebt
ihren Arm zum Baum (ca. 6 Bilder)

Evas rechter Arm bewegt sich Stück für Stück nach oben, hin zur Baumkrone. Zwischen den einzelnen Aufnahmen sollte der Arm nur ein kleines Stück bewegt werden. Auch Adam kann sich etwas bewegen. Er kann seinen Kopf drehen oder seine Arme bewegen. Die zweite Teilsequenz ist beendet, wenn Evas Arm die Baumkrone und eine der Knetgummifrüchte berührt, die am Baum befestigt sind.

3. Teilsequenz: Eva pflückt
eine Frucht (ca. 4 Bilder)

Im ersten Bild dieser Teilsequenz hält Eva eine Frucht des Baumes in der Hand. Dann senkt sich ihr Arm Bild für Bild wieder um ein kleines Stück. Wenn Eva den Arm gerade ausgestreckt vor sich hält, beißt sie in die Frucht. Um das darzustellen, muss ein kleines Stück der Knetfrucht abgebrochen werden.

4. Teilsequenz: Eva gibt Adam von der Frucht zu essen (ca. 18 Bilder)

Eva senkt die Hand, in der sie die Frucht hält und dreht sich zu Adam. Anschließend geht sie langsam auf ihn zu. Steht Eva vor Adam, hebt sie ihren Arm wieder, bis er gerade ausgestreckt ist. Nun hebt Adam seinen Arm in Richtung der Frucht, die Eva hält. Wenn sich die Hände der beiden Figuren berühren, wird die Knetfrucht in Adams Hand gesteckt. Im nächsten Bild wird wieder ein Stück der Frucht abgebrochen, um zu zeigen, dass auch Adam von der Frucht isst.

Die Bilder für den ersten Minitrickfilm sind fertig aufgenommen. Wird der Film mit einer Geschwindigkeit von 6 Bildern pro Minute abgespielt, dauert die reine Animation etwa 8 Sekunden. Damit diese für den Zuschauer nicht zu plötzlich beginnt und endet, sollten das erste und das letzte Bild des Filmes etwas länger (je 2 bis 4 Sekunden) abgespielt werden. Dann bekommt das Auge des Zu-

schauers die Möglichkeit, sich an die Szene zu gewöhnen und sich wieder von ihr zu verabschieden.

Die Nachvertonung

Der fertige Film kann ganz einfach musikalisch und sprachlich untermalt werden, indem mit Orff-Instrumenten ein eigener kleiner Soundtrack zur Geschichte gestaltet wird. Über diese klangliche Untermalung kann der Bibeltext oder eine selbstgeschriebene Übertragung gesprochen werden.

3.2 Jesus segnet die Kinder: Ein Minitrickfilm zu Matthäus 19,15

Und er legte die Hände auf sie und zog von dort weiter.

Mt 19,15
Lutherbibel, revidierte Fassung 1984

Das Trickfilmset

Auf einem Tisch wird mit doppelseitigem Klebeband ein hellbrauner Pappkarton oder ein großer Bogen braunes Tonpapier geklebt. Anschließend wird der Tisch vor eine Wand gestellt, an der ein hellblauer Tonkarton als Hintergrund für den Trickfilm befestigt ist. Auf diesen Hintergrund können auch Häuser aus Tonpapier oder andere Kulissen aufgeklebt werden.

Für die Trickfilmaufnahmen werden einige große Playmobilfiguren benötigt (Jesus und drei Jünger) und etwa fünf kleine Figuren (Kinder). Jesus wird in die Mitte der Szene gestellt. Anschließend wird die Kamera auf ein Stativ montiert und so aufgestellt, dass nur die aufgebaute Szene zu sehen ist. Die Trickfilmaufnahmen können beginnen. Beim Animieren werden nur die Figuren bewegt, die Position der Kamera bleibt unverändert.

1. Teilsequenz: Die Kinder gehen zu Jesus (ca. 24 Bilder)

Zu Beginn dieser Teilsequenz sind nur Jesus und seine Jünger im Bild zu sehen. Erst im zweiten Bild treten die Kinder nach und nach in die Kulisse. Zuerst ist z. B. ein Kind zu sehen, das von links ins Bild kommt. Mit der nächsten Aufnahme ist dann bereits ein zweites Kind zur Hälfte zu sehen, wie es von vorne auf Jesus zugeht. Zwischen den Einzelbildaufnahmen werden die Figuren der Kinder um jeweils einen kleinen Schritt nach vorne versetzt. Dabei können Arme und Köpfe der Kinder bewegt werden und auch die von Jesus und seinen Jüngern. Die Teilsequenz endet, wenn alle Kinder bei Jesus angekommen sind.

2. Teilsequenz: Jesus legt den Kindern die Hand auf (ca. 24 Bilder)

Jesus bewegt sich auf das erste Kind zu. Wenn er vor ihm steht, hebt er Bild für Bild seinen Arm um ein kleines Stück an, solange, bis er gerade ausgestreckt ist. Ein letzter Schritt auf das Kind zu und die Hand Jesu liegt direkt auf dessen Kopf. Jesus segnet es. Von Einzelbild zu Einzelbild bewegt sich Jesus nun nacheinander auf die Kinder zu und legt jedem seine Hand auf. Wenn Jesus dem letzten Kind seine Hand aufgelegt hat, endet die zweite Teilsequenz.

3. Teilsequenz: Jesus verabschiedet sich und geht (ca. 24 Bilder)

Jesus senkt seinen Arm und dreht sich zu seinen Jüngern. Schritt für Schritt gehen Jesus und die Jünger von den Kindern weg. Für jede Einzelaufnahme werden sie in ihrer Haltung ein klein wenig verändert. Auch die Kinder werden animiert. Sie bewegen ihre Köpfe zu Jesus oder drehen sich ganz in seine Richtung. Jesus bleibt noch einmal für die Dauer von etwa 6 Bildern stehen, dreht sich zu den Kindern und hebt seinen Arm zum Abschied. Sind Jesus und seine Jünger ganz aus dem Bild verschwunden, sind alle Einzelbilder aufgenommen.

Der fertige Film dauert nun etwa 12 Sekunden. Diese Zeit verlängert sich noch ein wenig. Denn für das erste und das letzte Bild des Films wird die Abspieldauer auf ca. 2 bis

4 Sekunden gesetzt. Diese Zeit braucht das Auge des Zuschauers, um sich an die Szene zu gewöhnen und sich wieder von ihr zu verabschieden.

Die Nachvertonung

Um den Film lebendiger zu machen, kann mit Orff-Instrumenten ein Kurzsoundtrack aufgezeichnet werden. Zusätzlich kann über ein Mikrofon der Bibeltext oder eine selbstgeschriebene Fassung der Geschichte eingesprochen werden.

3.3 Bildergeschichten-Trickfilme

Damit der fertige Trickfilm nicht nur den kleinen Ausschnitt einer biblischen Geschichte zeigt, können die vorgestellten Kurzanimationen ohne großen Aufwand erweitert werden. Zwei Möglichkeiten bieten sich dafür an. Zum einen können in der Klasse nach und nach weitere wichtige Textpassagen gesucht und anschließend in eine Minianimation umgesetzt werden. Mit dieser Schneeballmethode erweitert sich der Trickfilm Stück für Stück um eine weitere Sequenz oder Szene, bis sich aus diesen kleinen Einzelteilen schließlich die gesamte Handlung des Bibeltextes zusammensetzen lässt. Zum anderen können die großen Handlungsstränge der Geschichte mit Standbildern dargestellt werden und der Höhepunkt der Geschichte als Kurzanimation inszeniert werden, was eine wesentlich einfachere Möglichkeit ist. Die Kombination aus Bildergeschichte und Trickfilm nimmt nur unwesentlich mehr Arbeitsaufwand in Anspruch als ein Minitrickfilm. In der Regel lassen sich solche Animationsprojekte in drei bis vier Doppelstunden umsetzen, vor allem dann, wenn Figuren und Kulissen bereits fertig zu Verfügung stehen (z.B. Playmobil oder Lego) und nicht gebastelt werden müssen.

Viele Geschichten der Bibel lassen sich mit dieser Technik einfach und wirkungsvoll umsetzen, z.B. die Beispielgeschichte „Der barmherzige Samariter":

[25] Und siehe, da stand ein Schriftgelehrter auf, versuchte ihn und sprach: Meister, was muss ich tun, dass ich das ewige Leben ererbe? [26] Er aber sprach zu ihm: Was steht im Gesetz geschrieben? [27] Er antwortete und sprach: „Du sollst den Herrn, deinen Gott, lieben von ganzem Herzen, von ganzer Seele, von allen Kräften und von ganzem Gemüt, und deinen Nächsten wie dich selbst". [28] Er aber sprach zu ihm: Du hast recht geantwortet; tu das, so wirst du leben.

[29] Er aber wollte sich selbst rechtfertigen und sprach zu Jesus: Wer ist denn mein Nächster? [30] Da antwortete ihm Jesus und sprach: Es war ein Mensch, der ging von Jerusalem nach Jericho und fiel unter die Räuber; die zogen ihn aus und schlugen ihn und machten sich davon und ließen ihn halb tot liegen.

[31] Es traf sich aber, dass ein Priester dieselbe Straße hinabzog; und als er ihn sah, ging er vorüber. [32] Desgleichen auch ein Levit: Als er zu der Stelle kam und ihn sah, ging er vorüber. [33] Ein Samariter aber, der auf der Reise war, kam dahin; und als er ihn sah, jammerte er ihn; [34] und er ging zu ihm, goss Öl und Wein auf seine Wunden und verband sie ihm, hob ihn auf sein Tier und brachte ihn in eine Herberge und pflegte ihn. [35] Am nächsten Tag zog er zwei Silbergroschen heraus, gab sie dem Wirt und sprach: Pflege ihn; und wenn du mehr ausgibst, will ich dir's bezahlen, wenn ich wiederkomme.

[36] Wer von diesen dreien, meinst du, ist der Nächste dem gewesen, der unter die Räuber gefallen war? [37] Er sprach: Der die Barmherzigkeit an ihm tat. Da sprach Jesus zu ihm: So geh hin und tu desgleichen!

Lk 10,25–37
Lutherbibel, revidierte Fassung 1984

Die Geschichte kann in folgende Abschnitte eingeteilt werden:
- Standbild 1: Jesus und der Schriftgelehrte stehen beisammen.

Abbildung 40: In der Geschichte vom barmherzigen Samariter werden die einzelnen Szenen als Standbilder gestaltet. Nur die Schlüsselszene des Textes wird animiert.

- Standbild 2: Ein Mann liegt verwundet am Wegrand. Im Hintergrund rennen Räuber mit ihrer Beute vom Tatort davon.
- Standbild 3: Ein Priester geht auf demselben Weg und sieht den Verwundeten.
- Standbild 4: Der Priester geht an dem Mann, der halb tot daliegt, vorbei.
- Standbild 5: Auch der Levit achtet nicht auf den Verwundeten.
- Animationssequenz: Ein Samariter kommt mit seinem Esel an der Überfallstelle vorbei. Er sieht den Verletzten, geht auf ihn zu und verbindet seine Wunden. Anschließend hebt er den Mann auf seinen Esel und geht mit ihm weiter.
- Standbild 6: Der Verwundete liegt in einer Herberge im Bett. Wirt und Samariter stehen neben dem Bett.
- Standbild 7: Jesus und der Schriftgelehrte.

Der so entstandene Bildergeschichten-Animationsfilm kann zusätzlich vertont werden. Wieder bieten sich zwei unterschied-liche Methoden an. Einerseits lässt sich der Film während der Vorführung live synchronisieren. Dazu üben einige Schülerinnen und Schüler mit Orff-Instrumenten und Alltagsgegenständen Geräusche für die einzelnen Szenen ein, während andere die Texte für die einzelnen Personen der Handlung sprechen (Erzähler, Jesus, Schriftgelehrter, Mann, Räuber, Priester, Levit, Samariter, Wirt). Andererseits können all diese Texte und Geräusche allerdings auch mit einem Mikrofon aufgezeichnet und im Videoschnittprogramm unter die Bilder gelegt werden. Das hat den Vorteil, dass die Dauer der einzelnen Standbilder genau der Dauer der Texte und Geräusche angepasst werden kann.

Mit solchen leicht umzusetzenden Kurzprojekten nähern sich Schüler und Lehrkraft der Trickfilmarbeit an. Vielleicht wächst daraus die Lust, noch weiter in die Tiefe zu gehen und umfangreichere Trickfilmprojekte umzusetzen. Das folgende Kapitel gibt dazu Anregungen und Hilfestellungen.

4. In eigener Regie: Trickfilmpraxis im RU

In diesem Kapitel wird die Arbeit an umfangreicheren Trickfilmprojekten im Religionsunterricht vorgestellt. Alle Modelle folgen einem ähnlichen Ablauf, der als „Skizze des Lernwegs" ausgeführt wird und der auch zur Grundlage für eigene Projekte werden kann.

Skizze des Lernwegs

1. Projektstunde: Trickkino per Hand und Begegnung mit dem Medium Trickfilm
Zu Beginn des Projekts ist es wichtig, dass die Schülerinnen und Schüler die Funktionsweise des Trickfilms verstehen lernen. Ein selbstgebasteltes optisches Spielzeug zum Thema verdeutlicht ihnen, dass Einzelbilder durch schnelles Abspielen den Eindruck einer Bewegung entstehen lassen:
- Rollkino „Abrahams Blick in den Sternenhimmel"
- Daumenkino „Mose am brennenden Dornbusch"
- Wunderscheibe „Fischernetz mit Fischen"
- Daumenkino „Münzen fallen in eine Schatzkiste"

Damit die Schülerinnen und Schüler einen noch tieferen Eindruck bekommen, kann die Lehrkraft im Vorfeld Trickfiguren und Hintergründe oder vielleicht sogar eine kurze selbstgedrehte Animationssequenz im Unterricht vorstellen. Ggf. können die Schülerinnen und Schüler zum Einstieg auch eine eigene Trickfigur basteln.

Anregung für einen Hefteintrag:
Ein Trickfilm besteht aus vielen Einzelbildern. In einem professionellen Trickfilm besteht jede einzelne Sekunde aus 24 Bildern.

Jede Bewegung ist deshalb in einzelne Bilder (= Bewegungsphasen) aufgeteilt. Ein Filmstreifen sieht dann ungefähr so aus:

Im fertigen Film werden diese Einzelbilder sehr schnell hintereinander abgespielt. Für das menschliche Auge entsteht dadurch der Eindruck einer Bewegung. Auch mit 6 Bildern pro Sekunde können flüssige Trickfilmbewegungen entstehen.

Material: Bastelvorlage oder Bastelanleitung zu einem optischen Spielzeug (Kapitel 2.2); entsprechendes Bastelmaterial; Arbeitsblätter M2 und M3; Filmstreifen-Kopie (siehe oben); evtl. Trickfilmfiguren und Trickfilmsequenzen

2.–3. Projektstunde: Stilmittel des Trickfilms
In diesen Unterrichtsstunden setzen sich die Schülerinnen und Schüler mit Kameraeinstellungen und -perspektiven und ihren unterschiedlichen Wirkungen auseinander. Zur Einführung spielt die Lehrkraft ausgewählte Trickfilmsequenzen vor, die unterschiedliche Kameraperspektiven und Einstellungen zeigen. Im Unterrichtsgespräch wird die Wirkung dieser Stilmittel vertieft. Dazu bearbeiten die Schülerinnen und Schüler die entsprechenden Arbeitsblätter aus Kapitel 2.3. Hilfreich ist es, wenn die Lehrkraft eine Kamera und Trickfiguren mitbringt und dadurch Unterschiede zwischen den einzelnen Perspektiven und Einstellungen veranschaulicht (z.B.: Bei der Totale ist die Kamera sehr weit weg, deshalb ist viel Hintergrund zu sehen).

Material: Trickfilmsequenzen mit unterschiedlichen Kameraperspektiven und Kameraeinstellungen; Arbeitsblatt „Kameraperspektiven" (M8); Arbeitsblatt „Kameraeinstellungen" (M7)

4. Projektstunde: Begegnung mit der Bibeltextübertragung
Jetzt beschäftigen sich die Schülerinnen und Schüler mit der ausgewählten Bibelstelle. Je nach Gewohnheit und Vorkenntnissen der Schülerinnen und Schüler kann der Originalbibeltext oder eine Übertragung als Arbeitsgrundlage herangezogen werden. Die anschließende Texterschließung soll den Schülerinnen und Schülern einen ersten vertiefenden Austausch über den Text ermöglichen. Aktive Trickfilmarbeit im RU setzt allerdings darauf, dass sich die Schülerinnen und Schüler durch die selbsttätige und kreative Arbeit an der biblischen Geschichte einen Zugang zu ihr und eigene Deutungen erarbeiten. Deshalb sollen das Unterrichtsgespräch und die Arbeitsblätter nicht den größten Raum einnehmen. Wichtig ist es, dass sich die Schülerinnen und Schüler durch praktisches Arbeiten und kreatives Basteln der Figuren und Szenen mit dem Bibeltext auseinandersetzen.

Anregungen zur Texterschließung und -vertiefung:
- Lies den Text aufmerksam durch.
- Markiere Begriffe oder Sätze, die du nicht verstehst oder die dir schwierig erscheinen, mit Rot und setze an den Rand ein Fragezeichen. Bringe deine Fragen ins Unterrichtsgespräch ein.
- Markiere Begriffe oder Sätze, die du für besonders wichtig hältst, mit Grün und setze an den Rand ein Ausrufezeichen. Bringe deine Unterstreichungen ins Unterrichtsgespräch ein.
- Bearbeite die Arbeitsaufträge auf den Arbeitsblättern.
- Findet euch in 4er-Gruppen zusammen und zerschneidet den Text in einzelne Sinnabschnitte. Findet für jeden Abschnitt

eine passende Überschrift und gebt zum Schluss der ganzen Geschichte eine eigene Überschrift.

Weiterführend können die Schülerinnen und Schüler auf Bibeltexte hingewiesen werden, die den behandelten Bibeltext ggf. ergänzen können (z.B. 1. Mose 13,1–13 als Ergänzung zu 1. Mose 12,1–9).

Material: Lesetext (M12, M19, M24, M31); Arbeitsblätter zum Lesetext (M13, M20, M21, M25, M26); evtl. Bibeln

5.–7. Projektstunde: Storyboard und Materialsammlung
Mithilfe der Kopiervorlage „Storyboard" entwickeln die Schülerinnen und Schüler ein skizzenhaftes Drehbuch für ihren Film. Damit dieser Arbeitsschritt nicht zu lange dauert, sollte die Lehrkraft oder ein begabter Schnellzeichner aus der Klasse das Vorzeichnen der Bilder übernehmen. Als Einstieg in das gemeinsame Storyboard kann auch die jeweilige Vorlage aus dem Materialteil der Praxismodelle kopiert werden (z.B. M14).

Arbeitsauftrag:
- Entwickelt gemeinsam in der Klasse einen Spannungsbogen mit Anfang, Hauptteil und Schluss.
- Entwickelt gemeinsam in der Klasse ein Storyboard zu dieser Geschichte. Überlegt euch dabei:
  - Was in den einzelnen Szenen zu sehen sein soll (= Einstellung: Totale, Halbtotale, Nah, Groß, Detail).
  - Wie ihr diese Bilder zeigen wollt (= Perspektive: Normal, Vogel, Frosch, Subjektive).

Die Schülerinnen und Schüler erstellen eine Liste der benötigten Figuren, Requisiten und Materialien. Dazu können – wenn noch nicht geschehen – Kleingruppen für die jeweiligen Szenen eingeteilt werden. Die Beschaffung bzw. das Anfertigen der Materialien kann auch (zumindest teilweise) als Hausaufgabe erfolgen.

Material: Arbeitsblatt „Storyboard" (M9); Vorlage „Storyboard-Einstieg" (M14, M22, M27, M34); diverse Bastelmaterialien (je nach Trickfilmart)

8.–11. Projektstunde: Trickfilmaufnahmen
Die Schülerinnen und Schüler bauen die einzelnen Szenen auf der Trickfilmbühne (bzw. in der Trickfilmkiste) auf und fotografieren die Einzelbilder. Dabei orientieren sie sich am Storyboard. Sinnvoll ist es, die Schülerinnen und Schüler während dieser Arbeitsschritte in Kleingruppen einzuteilen, die z.B. jeweils eine Trickszene vorbereiten, sie fotografieren und anschließend nachbearbeiten. Falls einige Schüler noch Zeit haben, können sie Geräusche und Dialoge für den Trickfilm entwickeln oder Plakate und Handzettel für die Filmvorführung gestalten.

Anregung für einen Hefteintrag:
Die Lehrkraft (oder zwei bis drei Schülerinnen und Schüler) kann den Produktionsprozess mit einer Fotokamera begleiten. Zum Abschluss der Stunde (oder als Hausaufgabe) kleben die Schülerinnen und Schüler die ausgedruckten Fotos in ihr Heft, geben ihnen eine Überschrift und beschreiben mit eigenen Worten den Arbeitsfortschritt und ggf. den Inhalt der Geschichte, die sie als Trickfilm gestalten.

Material: Arbeitsfläche (Trickkiste, Trickfilmbühne oder Tisch); Computer; Kamera; Storyboard zum eigenen Trickfilm; Figuren und sonstige Materialien für den Film

12.–14. Projektstunde: Filmschnitt und Nachbearbeitung
Die Einzelbildaufnahmen werden zu Beginn der Nachbearbeitung auf die Festplatte des Computers bzw. auf den Netzwerkserver überspielt. Mit einem Videoschnitt- oder Trickfilmprogramm fügen die Schülerinnen und Schüler – möglichst in arbeitsteiligen Szenen-

gruppen – die Einzelbilder zu einer flüssigen Animation zusammen. Eine Kurzanleitung unterstützt die Schülerinnen und Schüler bei der Arbeit mit der Schnittsoftware.

Anschließend werden Geräusche und Musik eingefügt und die erarbeiteten Dialoge aufgenommen. Der Trickfilm wird als Videodatei gespeichert und auf DVD gebrannt.

Material: Videoschnittsoftware; Kurzanleitung zur Software (M18, M23, M30); Geräusche-CD; Mikrofon; Gegenstände zur Klangerzeugung; Arbeitsblätter für Geräuschemacher (M10, M11); DVD-Rohlinge

15. Projektstunde: Filmvorführung
Krönender Abschluss des Trickfilmprojekts ist die Präsentation des Films in der Schule. Besonders eindrucksvoll ist es, wenn der Trickfilm über einen Videoprojektor auf eine große Leinwand projiziert wird. Anregungen zum Einsatz des eigenen Trickfilms in Schulgottesdiensten finden sich in Kapitel 5.

Material: Videoprojektor; Leinwand; DVD-Spieler; Lautsprecherboxen; Kabel

Die Arbeit in Kleingruppen

Je kleiner die Religionsklasse ist, desto einfacher können sich alle Schüler an den einzelnen Arbeitsschritten beteiligen. Größere Gruppen müssen in kleine Arbeitsgruppen von je drei bis vier Schülern eingeteilt werden:
- Figurenteam: Das Figurenteam bastelt (oder sammelt) alle Figuren und Tiere, die für den Trickfilm benötigt werden. Grundlage dieser Arbeit ist das Storyboard des Films.
- Hintergrundteam: Parallel zum Figurenteam arbeiten die Schülerinnen und Schüler des Hintergrundteams an allen Kulissen und Requisiten, die für die einzelnen Szenen benötigt werden.
- Animationsteams: Jeweils drei bis vier Schülerinnen und Schüler bereiten eine

Szene des gemeinsamen Trickfilms vor. Sie üben zunächst die Bewegungs- und Animationsphasen und fotografieren dann die Einzelbilder ihrer Szene.

- Geräuscheteam: Während die Animationsteams an den Bildaufnahmen des Trickfilms arbeiten, überlegt die Geräuschegruppe, welche Geräusche für die einzelnen Szenen bei der Nachbearbeitung nötig sind. Sie kann im Internet nach kostenfrei verfügbaren Audiodateien suchen, selbst mit Alltagsgegenständen und Instrumenten Geräusche aufnehmen oder mit einem Klangerzeugungsprogramm am Computer arbeiten.

- Synchronsprecherteam: Die Schülerinnen und Schüler formulieren die Erzähler- und Dialogtexte für den Trickfilm. Bereits vor der Nachvertonung des Films werden die Texte einstudiert, wobei besonders auf Betonung und emotionalen Ausdruck der Stimme geachtet wird. Aufgenommen werden die Synchronstimmen allerdings erst, wenn die Filmszenen geschnitten und zusammengesetzt wurden.

- Filmschnittteam: Hat ein Animationsteam seine Szene fertig fotografiert, werden die Schülerinnen und Schüler dieser Gruppe zum Filmschnittteam. An einem Computer setzen die Schüler ihre Einzelbildaufnahmen zusammen und fügen Effekte ein. Anschließend werden alle fertig gestellten Szenen in der richtigen Reihenfolge zusammengesetzt und um Vor- und Nachspann ergänzt.

- Vor-/Nachspannteam: In dieser Gruppe erarbeiten die Schülerinnen und Schüler Vor- und Nachspann für den Trickfilm. Dazu arbeiten sie entweder mit den Möglichkeiten des Videoschnittprogramms oder nehmen Vor- und Nachspann als eigene Stop-Motion-Sequenz auf, indem sie Einzelbildanimationen aus aufgemalten oder ausgeschnittenen Buchstaben, Fotos und Symbolen erstellen.

- Werbeteam: Das Werbeteam ist neben der Gestaltung von Plakaten und Handzetteln für die Filmvorführung auch für die Gestaltung einer DVD-Hülle und eventuell für die Präsentation im Internet verantwortlich.

Alternativ können die Schülerinnen und Schüler auch zu Projektbeginn in kleine Szenenteams eingeteilt werden. Zu den Aufgaben dieser Kleingruppen gehört das Erstellen eines Storyboards für ihre Szene, das Sammeln und Basteln der benötigten Materialien, die Trickfilmaufnahmen und der Trickfilmschnitt der jeweiligen Szene.

4.1 Mit Abraham aufbrechen: Ein Legetrickfilm zu 1. Mose 12,1–9

Abraham und seine Frau Sara gehören zu den bedeutendsten Glaubensgestalten der Bibel. Vater aller Gläubigen wird er im Neuen Testament genannt. Im folgenden Projekt gestalten die Schülerinnen und Schüler einen Legetrickfilm, in dem sie von Abrahams und Saras Erfahrungen mit Gott erzählen. Die beiden biblischen Figuren sollen dabei nicht als idealisierte Vorbilder im Glauben dargestellt werden, sondern den Schülerinnen und Schülern als Anknüpfungspunkte für ihre eigenen Interpretationen der Geschichte dienen. Der Einfachheit halber werden im Folgenden die Namen Abraham und Sara benutzt, auch wenn beide in 1. Mose 12,1–9 noch Abram und Sarai genannt werden. Der Aspekt der Namensgebung durch Gott, wie er in 1. Mose 17 dargestellt wird, bleibt ausgeklammert.

Exegetische und didaktische Erschließung zu „Abrahams Berufung" (1. Mose 12,1–9)

Die Elterngeschichten der Bibel – an deren Anfang Abraham und Sara stehen – stellen den Ursprung Israels als Familiengeschichte dar. Jahwe, der Gott Israels, wird deshalb als lebensfördernder Gott im Hinblick auf diese

Familie dargestellt. Die politischen, kultischen und religiösen Belange Israels werden hier literarisch in den überschaubaren Kreis der Familie projiziert.

Gottes Ruf an Abraham, sein vertrautes Land, seine Verwandtschaft und sein Vaterhaus zu verlassen, steht zu Beginn der Familiengeschichte um Abraham und Sara. Genauer beschrieben werden die beiden im Text selbst nicht, weder ihr Aussehen, noch ihre Charakterzüge oder ihre Motive, der Herausforderung Gottes zu folgen. Das sind Leerstellen, die dazu einladen, Abrahams und Saras Sorgen und Ängste oder auch ihre Neugier nachzuempfinden und auszudrücken. Gemeint sind damit nicht die Unsicherheiten, die man vor einem Umzug oder vor dem Besuch der neuen Schule empfindet. Gottes Ruf an Abraham geht viel tiefer. Er ruft ihn aus seinen gewohnten Bahnen heraus, mitten aus einer gesicherten Existenz. Auch Kinder und Jugendliche kennen existenzielle Ängste und Sorgen, die sich in den Figuren des Abraham und der Sara spiegeln dürfen und sollen.

Gott hat Großes mit Abraham vor. Sein Ruf zielt auf völlige Neuorientierung der Lebenseinstellung und des Lebensinhalts. Weil dieser Aufbruch so existenziell und elementar ist, bringt Gott seinen Segen ins Spiel. Fünfmal taucht dieses Wort in der Berufungsgeschichte Abrahams auf. Gottes Segen ist Zuspruch und Anspruch zugleich. Abraham darf auf seinem Weg – dessen Ziel und Verlauf noch unklar bleiben – der Gegenwart Gottes sicher sein. Doch zugleich soll er durch sein eigenes Verhalten zu einem Segen für andere werden. Dieser Kern des Textes macht deutlich, dass Segen nicht etwas ist, was man für sich behalten oder anhäufen könnte. Segen verlangt nach der vertrauenden Gewissheit der Gegenwart Gottes und danach, gegenüber anderen gelebt zu werden. Segen ist etwas Dynamisches, etwas, das zum Aufbruch, zum Neuanfang und zum Entdecken neuer Lebensmöglichkeiten für einen selbst und für andere herausfordert und befähigt. In den Erzählungen um Abraham wird sichtbar, was dieser lebendige Segen konkret bedeuten kann. So stellt Abraham den Frieden mit anderen über den eigenen Vorteil. Davon erzählt 1. Mose 13, als sich Abrahams Hirten und die Hirten seines Neffen Lot um das fruchtbare Land streiten. Unter dem Segen Gottes zu stehen, heißt hier, durch Gott die Kraft zum friedvollen und zum friedensstiftenden Handeln schöpfen.

Der Segen Gottes wirkt in den Überlieferungen der Bibel mitten im Leben. Diese Tatsache steht oft im Gegensatz zu den Erfahrungen heutiger Schülerinnen und Schüler, für die Segen meist nur im Gottesdienst und in kirchlichen Ritualen verortet ist. Das doppelte Segensverständnis des Textes (Abraham als Empfänger des Segens und zugleich als Spender des Segens gegenüber anderen) kann im Gespräch oder in der Begegnung mit kurzen Segensepisoden (z. B. 1. Mose 13: Abraham und Lot trennen sich) herausgearbeitet werden. Im Trickfilm kann eine kurze Einblendung zur Geschichte von Abraham und Lot gestaltet werden (z. B. durch zwei Standbilder), damit sichtbar wird: Gottes Segen erweist sich im friedensstiftenden Umgang mit anderen. Darüber hinaus kann das sehr abstrakte Wort „Segen" für die Schülerinnen und Schüler auch mit konkreten Bildmotiven verknüpft werden. Im Lesetext wird deshalb von einer Segenssonne gesprochen und davon, dass Abraham für andere so hell und warm wie die Frühlingssonne strahlen soll. Solche Bilder deuten zwar schon in sich den Segen Gottes, bieten Kindern und Jugendlichen aber immer noch viel Raum für eigene Interpretationen.

Eine besondere Herausforderung ist die Darstellung Gottes im Trickfilm. Der Text selbst schweigt sich über die Art der Gottesrede aus. Es bleibt offen, ob Gottes Herausforderung in einer Vision, einem Traum oder eher als innere Stimme Abrahams erfolgt. Von einer Erscheinung Gottes ist im Bibeltext strenggenommen keine Rede. Hier kann gemeinsam mit den Schülerinnen und Schülern nach Ausdrucksmöglichkeiten gesucht werden (z. B. als inneres Zwiegespräch Abrahams). Auch biblische Gottesbilder können als Anregung angeboten werden (z.B. Gott als helles Licht).

Anregungen zur Texterschließung und Vertiefung im Unterricht

- Formuliere auf dem Arbeitsblatt „Abraham und Sara unterhalten sich" (M13) ein Gespräch zwischen den beiden, in dem Abraham von seinem Entschluss zum Aufbruch erzählt. Überlege dir dabei, was sich Abraham von diesem Aufbruch erhofft und was ihm den Mut zu diesem Neuanfang gibt.
- Im Text bekommt Abraham von Gott ein Versprechen und einen Auftrag. Unterstreiche die entsprechende Textstelle mit einem farbigen Stift.
- Gott sagt zu Abraham „Ich will für dich eine helle Segenssonne sein und auch du sollst für andere ein Segen sein. Du sollst für sie zu einer warmen und leuchtenden Sonne werden." Lies dir den Bibeltext 1. Mose 13,1–13 durch. Dort entdeckst du ein Beispiel, wie Abraham für andere zu einem Segen wird.

Methodische Vorbemerkung zum Legetrickfilmprojekt

In der vorgestellten Unterrichtseinheit gestalten Schülerinnen und Schüler selbst einen Legetrickfilm zur Berufungs- und Auszugsgeschichte Abrahams. Ausgehend von einer Übertragung des Bibeltextes gestalten die Jungen und Mädchen selbst Figuren und Hintergründe und kombinieren diese mit Geräuschen und selbstgesprochenen Textpassagen.

Je nach Alter und Fähigkeiten der Schülerinnen und Schüler können die Ausgestaltung der Figuren und Hintergründe variieren. Ältere Kinder oder Jugendliche können ihre Figuren in der Regel feingliedriger gestalten. Dadurch können Bewegungsabläufe flüssiger dargestellt werden. Doch auch mit grobgliedrigeren und größeren Figuren – die

schon von Kindern im Grundschulalter einfach gebastelt und animiert werden können – lassen sich gute Ergebnisse erzielen.

Technische Ausstattung und Materialsammlung

Im Vorfeld des Projekts sollte die Lehrkraft eine Trickfilmkiste nach der Anleitung aus Kapitel 2.3 angefertigt haben. Für die Aufnahmen wird zudem eine digitale Fotokamera mit ausreichend großer Speicherkarte benötigt sowie zwei Schreibtischstrahler für die Beleuchtung. Außerdem ein Computer mit ausreichendem Speicherplatz, Soundkarte, Mikrofon und einer Videoschnitt- oder Trickfilmsoftware (in diesem Kapitel wird „Windows Movie Maker" vorgestellt). Ein Geräuschearchiv kann entweder von den Schülerinnen und Schülern selbst aufgenommen oder als CD von der Lehrkraft zur Verfügung gestellt werden. Auch spezielle Audiosoftware (z.B. „Atmosphere Lite") ist für die Aufnahme der Tonspuren von Nutzen.

Neben der technischen Ausstattung werden diverse Bastelmaterialien zum Erstellen der Figuren, Kulissen und Requisiten benötigt: Weißer Fotokarton, aus dem die Legetrickfiguren Abraham, Sara, Lot, Mägde, Hir-

Abbildung 41: Grobgliedrige Legetrickfiguren (rechts) lassen sich schneller herstellen und einfacher animieren als feingliedrige Figuren (links), mit denen Bewegungen allerdings flüssiger dargestellt werden können.

ten und auch die Schafe und Ziegen gefertigt werden. Je nach Kameraeinstellung müssen die Figuren aus verschiedenen Perspektiven und in unterschiedlichen Größen gebastelt werden. Farbiges Tonpapier für die Hintergründe und Kulissen (z. B. Bäume, Nachthimmel, Gras, Sonne, Mond, Wolken oder felsiger Boden) gehören ebenfalls zum Materialfundus des Abraham-Legetrickfilms. Einige Kulissen lassen sich auch gut aus Papier falten (z. B. Abrahams Zelt). Außerdem können auch Wolle (z. B. für Schafe oder Wolken), Ostergras (z. B. für Weideland) oder Äste (z. B. als Baumstämme) verwendet werden. Der Kreativität sind hier keine Grenzen gesetzt.

Anregungen und Tipps zur Umsetzung

Die Kopiervorlage M14 dient den Schülerinnen und Schülern als Anregung und Einstieg in die Arbeit am Storyboard. Stück für Stück entwickeln sie die Geschichte skizzenhaft weiter. Die Dauer einer Szene bzw. einer Sequenz wird dabei abgeschätzt. Als Anhaltspunkt kann z. B. die Länge des gesprochenen Textes dienen. Da für die einzelnen Szenen teilweise sehr viele Einzelbilder notwendig sind, sollte nach Möglichkeiten zur Arbeits-

erleichterung gesucht werden. Manche Animationen können etwa in Endlosschleifen wiederholt werden (z. B. die Schafe und Ziegen auf der Weide oder die Sippe Abrahams, die durch das Land zieht). Außerdem bietet es sich an, manche Szenen oder Sequenzen nur als Standbilder zu gestalten (z. B. Etappen auf der Reise Abrahams oder eine kurze Einblendung zu 1. Mose 13).

Vor- und Nachspann des Films können in „Windows Movie Maker" sehr einfach erstellt werden. Neben dem Titel des Films sollten auch alle Schülerinnen und Schüler erwähnt werden, die an dem Film mitgearbeitet haben. In den Abspann können auch Fotos des Produktionsprozesses eingebaut werden. Als Titellied für den Trickfilm eignen sich viele bekannte Segenslieder für Kinder und Jugendliche. Das bekannte Stück „Gott, dein guter Segen" von Detlev Jöcker und Reinhard Bäcker beispielsweise greift in den Strophen 2 und 3 Aspekte auf, die im Mittelpunkt des Legetrickfilms zu Abrahams Berufung stehen: Gottes Segen als helles Licht oder als Freundes Hand, die führt und begleitet. Im Refrain greift dieses eingängige Lied auch den doppelten Aspekt des Segens auf, denn hier wird nicht nur um den Segen für das eigene Leben gebeten, sondern um einen Segen zum Weitergeben.

M12 | Abrahams Aufbruch (1. Mose 12,1–9)

„Wir haben alles, was wir brauchen." Abraham steht vor der Weide, auf der seine Schafe und Ziegen grasen. Die Abenddämmerung hüllt den Himmel in bunte Farben. Abrahams Frau Sara läuft über die Wiese zu ihrem Mann: „Du hast Recht, Abraham. Wir haben alles, was wir brauchen: große Viehherden, Mägde, Knechte und Hirten, die für uns arbeiten, und unsere Heimat. Das kann nicht jeder von sich sagen." Abraham nickt. Doch Saras Worte machen ihn nachdenklich: „Es geht wirklich nicht jedem so gut."

Müde legen sich Abraham und Sara zu Bett. Doch zur Ruhe kommt Abraham nicht. Da ist etwas, das ihn aufwühlt. Es ist für ihn, als würde ihm ein helles Licht den Schlaf rauben. Sara scheint von all dem nichts mitzubekommen. Sie schläft. Doch in Abrahams Herz und in seinem Kopf überschlagen sich die Gefühle und Gedanken. „Lass los, Abraham. Lass los, von dem was du hier gefunden hast. Dein Land, deine Verwandtschaft und dein Vaterhaus. Lass die Dinge los, die dich hier binden und halten. Die Dinge, die dein Leben scheinbar so sicher machen. Brich auf. In ein Land, das ich dir zeigen werde. Ich werde dich zu einem großen Volk machen. Ich werde dich segnen und zu einem großen Volk machen. Wie eine helle und warme Sonne soll mein Segen für dein Leben sein. Er soll dir Kraft geben, dich stärken und begleiten. Und du, Abraham, du sollst für andere zu einer solch hellen und warmen Segenssonne werden. Nicht nur deine Familie und dein Volk, sondern alle Menschen dieser Erde sollen durch dich diesen Segen spüren und erfahren."

Unruhig schreckt Abraham auf: „Was ist los hier?" Er blickt sich um. Doch da ist nichts Außergewöhnliches zu sehen. Das Licht scheint verschwunden zu sein. Oder ist es etwa noch da? Ganz leise sitzt Abraham da und horcht in die Nacht. „Es ist noch da. Dieses warme, helle Licht.", denkt Abraham. „Mitten in mir. Mein Herz, meinen Geist, ja meinen ganzen Körper, mein ganzes Leben füllt es aus. Das muss Gottes Licht sein, das in meinem Leben leuchtet." Abraham ist zu aufgeregt, um jetzt noch zu schlafen. Ungeduldig wartet er, bis sich die Sonne hinter den grünen Hügeln empor schiebt und der Tag anbricht.

Was Abraham in dieser Nacht erfahren hatte, ließ ihn nicht mehr los. Obwohl er schon fünfundsiebzig Jahre alt war, brach er mit seiner Frau Sara und mit seinem Neffen Lot auf. Er nahm auch alle seine Schafe und Ziegen mit, die Esel und schließlich alle Hirten, Mägde und Knechte, die für ihn arbeiteten. Sie zogen weg aus einem Leben, das ihnen bisher so sicher und so erfüllt erschien. Doch tief in sich wusste Abraham, dass Gottes Segenskraft in ihm stärker war als der Wunsch nach Sicherheit und Ruhe. Wie eine helle und warme Sonne spürte Abraham immer wieder den Segen Gottes über seinem Leben. Er begleitete Abraham, Sara und ihre Familie auf ihrem Weg aus der Stadt Haran bis in das Land mit dem Namen Kanaan. Dort spürte Abraham Gottes begleitende Kraft besonders stark: „Sieh dich um, Abraham. Dieses Land soll einmal zum Land des Segens für deine Nachkommen werden. Ihnen will ich dieses Land geben und auch sie sollen meine Segenskraft in ihrem Leben spüren und danach handeln." Trotz aller Unsicherheit und Anstrengung, die dieser lange Weg mit sich brachte, wusste Abraham, dass er mit Gott auf dem richtigen Weg war.

1. Abraham und Sara sprechen über das, was Gott von Abraham verlangt. Schreibe dieses Gespräch auf.

2. Zeichne Abrahams und Saras Gesichtsausdruck in die Abbildung.

M14 | Storyboard-Einstieg (1. Mose 12,1–9)

Filmtitel: _____	Seite: _____1

Szene: 1-A	Dauer: 10 Sekunden
Einstellung: Halbtotale	Perspektive: Subjektive

Regieanweisungen/Handlung/Dialoge:

▷ Abraham steht vor einer Wiese;

▷ Schafe und Ziegen weiden dort;

▷ Abraham: „Wir haben alles, was wir brauchen."

Geräusche:

▷ Vogelzwitschern;

▷ Blöken der Schafe und Ziegen;

▷ Hintergrundstimmen der Hirten.

Szene: 1-B	Dauer: 20 Sekunden
Einstellung: Totale	Perspektive: Normalperspektive

Regieanweisungen/Handlung/Dialoge:

▷ Sara kommt auf Abraham zugelaufen;

▷ Sara: „Du hast Recht, Abraham. Wir haben alles, was wir brauchen: große Viehherden, Mägde, Knechte und Hirten, die für uns arbeiten, und unsere Heimat. Das kann nicht jeder von sich sagen."

Geräusche:

▷ Schritte im Gras;

▷ Vogelzwitschern;

▷ Blöken der Schafe und Ziegen.

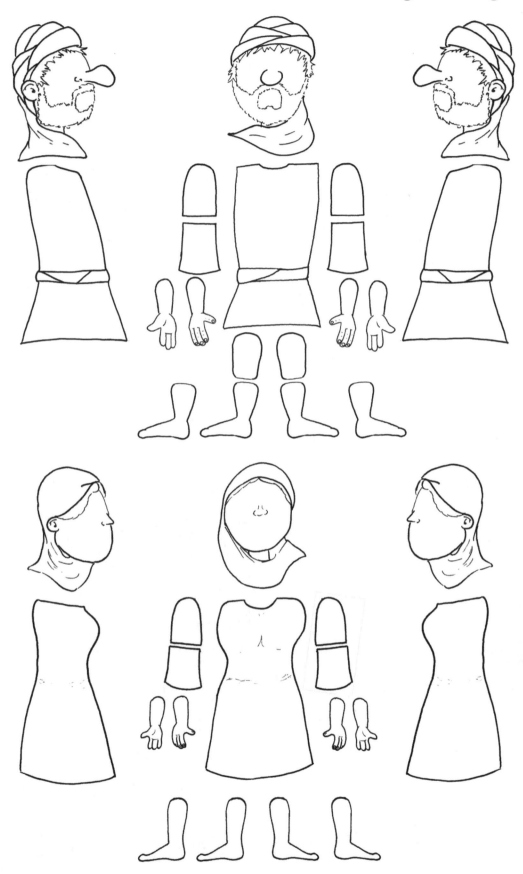

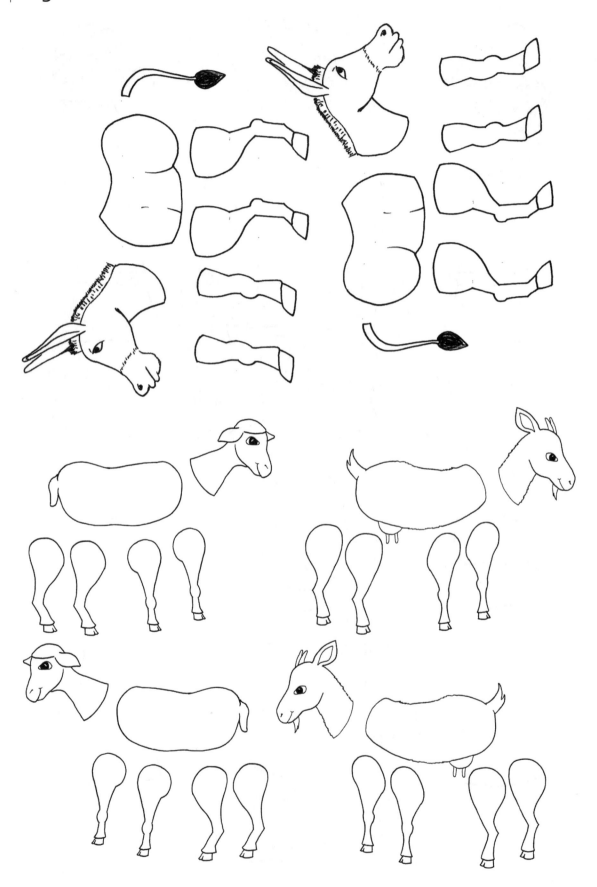

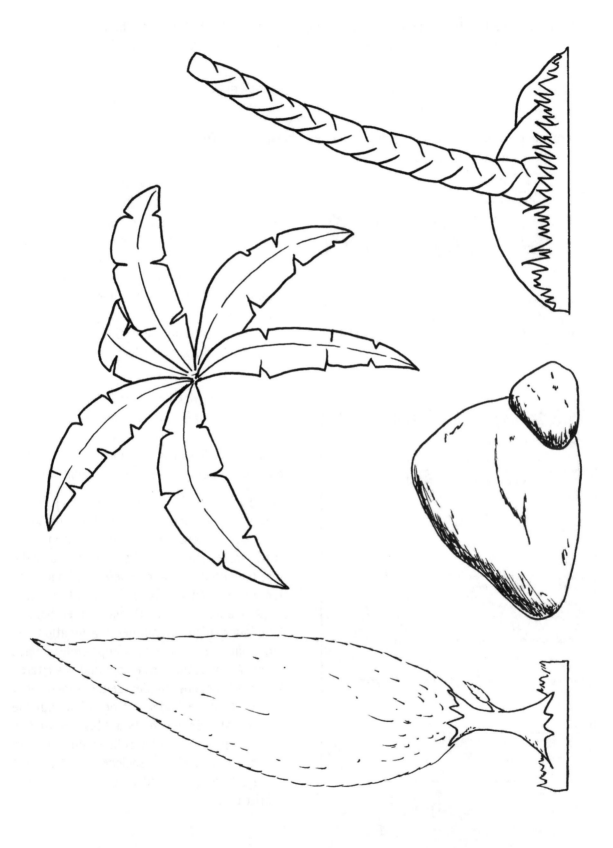

M18a | Trickfilme mit „Windows Movie Maker" (Kurzanleitung)

1. Gestalte deine Trickfilmszenen. Stelle die Kamera auf manuellen Betrieb ein. Überprüfe, ob der Fotoapparat fest auf seinem Stativ sitzt und achte darauf, dass er während der Arbeit an den Trickfilmaufnahmen nicht verschoben wird.

2. Fotografiere mit der Digitalkamera die vorbereiteten Trickfilmszenen. Für jede Sekunde Trickfilm musst du etwa 6 Bilder aufnehmen.

3. Verbinde die Digitalkamera mit dem Computer, überspiele die Trickfilmbilder auf den PC und lege sie in einen neuen Ordner ab.

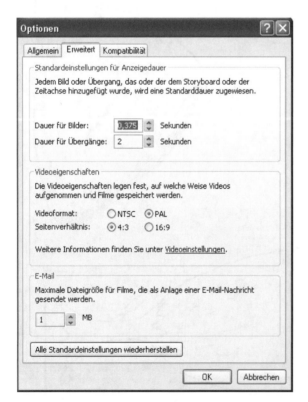

4. Öffne das Programm „Windows Movie Maker" und klicke auf die Schaltfläche „Sammlungen" (Menüzeile oben). Mit einem Rechtsklick auf die Schaltfläche „Sammlungen" (Menüleiste links) kannst du eine neue Sammlung für deine Trickfilmfotos erstellen (Abbildung). Importiere deine Trickfilmfotos anschließend über „Datei" → „In Sammlung importieren". In deine neu angelegte Sammlung kannst du auch Audiodateien (Geräusche und Musik) laden.

5. Damit deine Trickfilmbilder im späteren Film die richtige Anzeigedauer bekommen, musst du über das Menü „Extras" → „Optionen" → „Erweitert" die Abspielgeschwindigkeit auf 0.250 oder 0.375 Sekunden einstellen (Abbildung).

6. Klicke mit der Maus auf die einzelnen Bilder und ziehe sie nach unten auf das Storyboard bzw. die Zeitachse. Wenn du gleichzeitig die „Ctrl"-Taste gedrückt hältst, kannst du mehrere Bilder auf einmal markieren und nach unten ziehen. Mit der Tastenkombination „Ctrl" + „A" kannst du alle Dateien einer Sammlung auswählen. Damit deine Animation ruhig anläuft und nicht zu abrupt endet, musst du die Abspieldauer des ersten und des letzten Bildes verlängern. In der Zeitachsen-Ansicht kannst du diese Bilder mit der Maus auf die gewünschte Länge von etwa 2 bis 4 Sekunden ziehen. Spätestens jetzt solltest du den Film schon einmal zwischenspeichern. Das solltest du möglichst nach jedem größeren Arbeitsschritt tun.

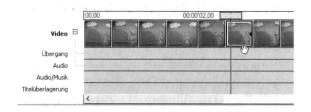

7. Anschließend kannst du die einzelnen Bilder auf der Zeitachse verschieben, kopieren und Effekte einfügen (z. B. Überblendeffekte zwischen zwei Szenen). Achte darauf, dass du nur wenige Effekte verwendest und dein Film nicht zu unruhig wird (Abbildung).

8. Ziehe nun die Audiodateien, die du in deinem Film verwenden möchtest, auf die Zeitachse. Falls du Geräusche und Stimmen jetzt selbst aufnehmen möchtest, musst du ein Mikrofon anschließen und auf das kleine Mikrofonsymbol (unten links) klicken.

9. Über das Menü „Extras" → „Titel und Nachspanne" erstellst du für deinen Film Titel und Nachspann (Abbildung).

10. Nun musst du deinen Trickfilm nur noch abspeichern. Das kannst du über das Menü „Datei" → „Filmdatei speichern...". Dein erster selbstproduzierter Trickfilm ist fertig und bereit für die Vorführung!

An welcher Stelle möchten Sie einen Titel hinzufügen?

Titel am Anfang des Filmes hinzufügen.

Titel vor dem gewählten Clip in der Zeitachse hinzufügen.

Titel auf dem gewählten Clip in der Zeitachse hinzufügen.

Titel nach dem gewählten Clip in der Zeitachse hinzufügen.

Nachspann am Ende des Filmes hinzufügen.

Abbrechen

4.2 Auf dem Weg in die Freiheit: Ein Playmobil-Trickfilm zu 2. Mose 13,17–14,31

Der Gott der Bibel ist ein Gott der kleinen Leute. Mehr noch – im Auszug Israels aus Ägypten macht Gott klar, dass er immer und mit all seiner Macht auf Seiten derer ist, die mit dem Rücken zur Wand stehen.

Mit dem Trickfilmprojekt zur Rettung Israels am Schilfmeer zeichnen die Schülerinnen und Schüler wesentliche Elemente des Auszugs aus Ägypten mit Playmobilfiguren nach. Sie gehen gemeinsam mit dem Volk Israel auf einen Weg mit Gott, der hinaus aus der Unterdrückung bis in die Freiheit führt. Dieser Weg in die Freiheit kann sich dabei zu einem reichen Erfahrungsschatz für das Ausbrechen aus Ängsten und Abhängigkeiten verdichten.

Exegetische und didaktische Erschließung zu „Die Rettung am Schilfmeer" (2. Mose 13,17–14,31)

Die Exoduserzählungen der Bibel zeugen in ihren intensiven Bildern und Szenen von den grundlegenden Gotteserfahrungen Israels. Das geschichtliche Ereignis hinter diesen Überlieferungen lässt sich nicht mehr rekonstruieren. Wahrscheinlich ist allerdings, dass einer wohl eher kleineren semitischen Gruppe die Flucht aus Ägypten gelang. Häufig wird dafür die Zeit um das Jahr 1200 v. Chr. angenommen. Aus diesem historisch eher unspektakulären Geschehen entwickelte sich im späteren Nordreich Israel ein Gründungsmythos, der den Ursprung des Volkes Israel im Exodus sah – im Gegensatz zu den Erzelterngeschichten, in denen sich das Volk aus den Nachkommen Abrahams entwickelt. Zusammengeführt wurden diese konkurrierenden Gründungstraditionen erstmals in der Priesterschrift, in nachexilischer Zeit.

Immer wieder fanden Menschen in den Motiven und Szenen der Auszugsgeschichten Anknüpfungspunkte für ihre eigenen Lebens- und Glaubenserfahrungen. Die Exoduserzählungen sind transparent für die Erfahrungen anderer Zeiten. Diese Offenheit und Transparenz der Texte gilt es auch didaktisch umzusetzen, damit die Schülerinnen und Schüler in diesen uralten Überlieferungen Relevanz und Lebensnähe entdecken können. Auch heute gibt es Erfahrungen der Angst, der Unterdrückung, der Willkür von Mächtigen. Die Exoduserzählungen setzen diesen quälenden und oftmals lähmenden Erlebnissen und Ereignissen den langen Atem des Glaubens entgegen. Gegen allen Augenschein steht Gott solidarisch und untrennbar auf Seiten derer, die unter Angst, Unterdrückung und Willkür leiden. Gegen allen Augenschein wächst aus diesem Bewusstsein die Kraft, Krisen durchzustehen und gegen Missstände aufzustehen. Dass sich dieser lange Atem lohnt und nichts mit Stillhalten und Abwarten zu tun hat, beweist auch die jüngere Geschichte. So fanden beispielsweise die Sklaven in den USA, die schwarzamerikanische Bürgerrechtsbewegung und die Bauern Lateinamerikas im Exodus Bilder der Hoffnung, des Lebens und der Gottesgegenwart, die sie zum Handeln ermutigten. Auch der Zusammenbruch der DDR zeigt, dass umstürzende Veränderungen möglich sind, dass sie geschehen und dass Unrechtssysteme nicht das letzte Wort haben.

Im Erzählzusammenhang von Israels Unterdrückung und Auszug aus Ägypten nimmt die Überlieferung der Rettung am Schilfmeer (2. Mose 13,17–14,31) eine entscheidende Rolle ein. Auch hier lässt sich kein historisches Ereignis rekonstruieren. Darauf legt es der Text auch nicht an. Selbst wenn es nur ein unspektakuläres Ereignis war, eine Flucht einer kleinen Menschengruppe, die vielleicht in sumpfigen Gebieten der übermächtigen Bedrohung ihrer ägyptischen Verfolger entkommen konnte – die Rettung am sog. Schilfmeer ist der entscheidende Schritt aus den Händen der Unterdrücker.

Die biblische Meerwundererzählung ist kein Text aus einem Guss. In ihrer heutigen Endfassung finden sich viele Dopplungen und Spannungen. Zeugen, dass hier zwei unterschiedliche Versionen zu einem einzigen Text verwoben wurden: Eine nicht- und zugleich vor-priesterschriftliche Fassung (aus der Zeit um 700 v. Chr.) und eine priesterschriftliche Darstellung (aus der Zeit um 515 v. Chr.). Für die didaktische Umsetzung des Textes ist es wichtig, einige dieser Dopplungen und Spannungen wahrzunehmen, da sich an ihnen nicht nur Unterschiede in der Darstellung des Ereignisses, sondern auch hinsichtlich des zugrundeliegenden Gottesbildes zeigen: Zeigt sich Jahwe als ein naher Gott, der seinem Volk als Wolken- und Feuersäule voran zieht und sich schützend zwischen Israel und das Heer der Ägypter stellt? Oder ist er der erhabene und entrückte Gott, der das Volk durch seinen Mittler Mose führt und durch ihn handelt? Entsprechend stellt sich beim aufmerksamen Lesen des Textes auch die Frage, ob es nun der Ostwind ist, mit dem Gott das Meer zurückweichen lässt oder ob Mose es im Auftrag Gottes mit seinem Stab spaltet, sodass es rechts und links wie Mauern emporragt. Es liegt in der didaktischen und theologischen Verantwortung der Lehrkraft, hier einen Weg zu finden, der den Schülerinnen und Schülern und ihrer Entwicklung entspricht. Eine mögliche Entscheidung könnte sein, für Kinder im Grundschulalter (z. B. der vierten Klasse) das Gottesbild der Erzählung konkret und anschaulich zu machen und die Erscheinung der Feuer- und Wolkensäule aufzugreifen. Der Aspekt, dass Gott seinem Volk nahe ist und es schützt, kann dadurch deutlich hervorgehoben werden. In dieser Erscheinung liegt – trotz aller Anschaulichkeit – etwas Verborgenes und Deutungsoffenes. In der Geschichte ist Gott Herr über alle Naturgewalten und lässt das Meer durch einen starken Wind zurückweichen. Kinder und Jugendliche, die sich für das „Wie" der Geschichte interessieren, können das Gehörte leicht mit Erfahrungen von Ebbe und Flut in Verbindung bringen und können so schneller zum Kern des Textes, dem Befreiungserlebnis aus Angst und Bedrohung zurückkommen. Die

Identifikation der Schülerinnen und Schüler und die Verknüpfung des Bibeltextes mit der eigenen Bilder- und Erfahrungswelt werden dadurch ermöglicht, dass die Geschichte aus Sicht eines am Auszug beteiligten Kindes gestaltet wird.

Eine Schwierigkeit ist die fremde und unbegreifliche Seite Gottes, die im Text zur Sprache kommt, denn Gott führt nicht nur sein Volk in die Freiheit und rettet es vor der bedrohlichen Macht der Verfolgung, Gott vernichtet auch die ägyptische Streitmacht in den Fluten des Meeres. Schon in der frühen jüdischen Auslegungsgeschichte spielte dieser Aspekt der Erzählung immer wieder eine Rolle. Im Babylonischen Talmud wird gerade auch Gottes Trauer um den Tod seiner Geschöpfe, der Ägypter, betont, die den Lobgesang der Engel über das Befreiungsereignis hemmt. Seitdem haben jüdische Theologen immer wieder darauf hingewiesen, das Leid der Ägypter in der biblischen Schilderung wahrzunehmen. Schönreden, wegdiskutieren oder auch nur herunterspielen lässt es sich nicht. Eine für Menschen befriedigende Antwort auf die Frage, wie Gott solches und anderes Leid zulassen kann, gibt es nicht. Nicht nur für die Auszugsgeschichte wird deutlich, dass Gottes mächtiges und hartes Handeln sich nicht gegen die Menschen, die das Böse tun, richtet, sondern gegen das Böse selbst – gegen Hochmut, Selbstherrlichkeit, Gewalt und Missbrauch. Ausgeklammert werden sollte dieser schwierige Aspekt der Geschichte nicht. Es bietet sich an, der kurzen Darstellung Gedanken des Entsetzens, der Trauer und der offenen Fragen in die Geschichte einzubauen.

Damit die Schülerinnen und Schüler die Erzählung der Rettung Israels am Schilfmeer im Gesamtkontext des Exodus wahrnehmen, wird der Lesetext durch kurze Einführungs- und Abschlussszenen ergänzt. Sie skizzieren grob den Weg des Volkes mit seinem Gott nach, den Weg von der Unterdrückung in die von Gott gewirkte Freiheit.

Anregungen zur Texterschließung und
Vertiefung im Unterricht

– Als der kleine Jonathan die ägyptischen
Streitwagen und Soldaten erblickt, die
das Volk Israel verfolgen, kommen in ihm
viele Gefühle und Gedanken auf. Schreibe
einige dieser Gedanken und Gefühle auf
das Arbeitsblatt (M20).
– Im Text wird erzählt, wie Gott die Israeliten aus der Bedrohung rettet und dass
die Israeliten ein Fest der Befreiung feiern
wollen. Doch einige Israeliten erschrecken
über das, was den Ägyptern passiert. Ihnen
gehen viele Fragen durch den Kopf.
– Gott verrät den Israeliten seinen Namen.
Du kannst dir denken, dass dieser Name
für die Israeliten eine ganz besondere Bedeutung bekommt. Vielleicht kann dieser Name auch für Menschen heute wichtig werden.
– Auch in deinem Leben gibt es Ängste und
Sorgen, auch wenn diese ganz anders sind
als bei Jonathan und den Israeliten.
– Vielleicht kennst du Menschen (z. B. aus
den Nachrichten), die heute ähnliche Nöte
und Bedrohungen erleben wie die Israeliten.

Methodische Vorbemerkung
zum Trickfilmprojekt

Für den Figurentrickfilm zur Rettung Israels am Schilfmeer werden Playmobilfiguren
verwendet. Diese bei Kindern sehr belieb-
ten Figuren gehören nicht nur zur Standard-
ausstattung in jedem Kinderzimmer, sondern
ermöglichen es bereits Kindern im Grundschulalter, eigene Animationsfilme umzusetzen. Seit einiger Zeit gehört auch ein
umfangreiches Ägypten-Sortiment zur Pro-
duktpalette von Playmobil. Für den Exo-
dus-Trickfilm können viele dieser Figuren
und Requisiten verwendet werden, z. B. der
Streitwagen des Pharao und ägyptische Soldaten, eine Sphinx oder Pyramiden. Auch für
die Israeliten finden sich in diesem Sortiment

Abbildung 42: Klebepads an den Füßen der Trickfiguren geben den Figuren während der Trickaufnahmen
einen festen Halt.

geeignete Figuren. Zwar sind diese Figuren
in der Playmobil Ägypterwelt als „Grabräu-
ber" gedacht, trotzdem lassen sie sich mit
ihren dunklen und teilweise abgerissenen
Kleidungen gut als „Israeliten" zweckent-
fremden. Die teilweise grimmigen Gesichter
dieser Figuren können leicht umgearbeitet
werden. Dazu sind lediglich etwas Modellbaufarbe und ein feiner Pinsel nötig. So
lassen sich z. B. die nach unten gezoge-
nen Augenbrauen übermalen oder ein vielleicht ängstlich aufgerissener Mund aufmalen. Wichtig ist, Farben zu verwenden, die
für Kinder geeignet sind. Manche Modell-
bauhersteller bieten wasserlösliche Farben
an, die zudem schnell trocknen. Alle anderen Veränderungen an den Playmobilfiguren
(z. B. ein Verbiegen von Plastikteilen oder das
Kombinieren mit spitzen Gegenständen wie
Draht o. ä.) sind nicht nur gefährlich, sondern auch von Seiten des Herstellers Playmobil nicht erwünscht. Regeln, was beim
Customizing von Playmobilfiguren gestattet
ist und wogegen der Hersteller auch rechtlich
vorgeht, finden sich in einer entsprechenden
Erklärung auf der Playmobil-Webseite.

Zum Befestigen der Playmobilfiguren auf
dem Untergrund der Trickfilmbühne eignen sich Haftknetstreifen (z. B. UHU patafix
Klebepads oder Pritt Multi-Fix Haftpunkte).
Diese Klebepunkte lassen sich wie Plastilin

formen und an die Füße der Figuren kleben, um diese zu fixieren. Haftknete kann ohne Rückstände entfernt und sogar wiederverwendet werden.

Technische Ausstattung und Materialsammlung

Die Trickszenen werden entweder auf einer Trickfilmbühne (→ Kapitel 2.3) oder einer anderen großen Arbeitsfläche arrangiert. Neben der Trickfilmbühne wird ein Computer mit ausreichend großem Festplattenspeicher, Soundkarte, Mikrofon und der Videoschnittsoftware „Magix Video deluxe" (oder einer anderen Video- oder Animationssoftware) im Klassenzimmer aufgebaut. Eine Webcam oder ein Mini-DV-Camcorder werden an den PC angeschlossen und auf einem Stativ vor der Trickfilmbühne aufgebaut. Damit die Ausgangsposition der Kamera nach einer Veränderung der Einstellung oder der Perspektive leicht wiedergefunden werden kann, sollte sie mit farbigem Klebeband am Stativ und am Boden des Raumes markiert werden. Ein Geräuschearchiv auf CD, sowie Gegenstände zur Klangerzeugung und ggf. spezielle Audiosoftware ermöglichen die klangliche Ausgestaltung des Films.

Für die Kulissen der einzelnen Szenen werden vor allem verschiedene einfarbige Hintergründe benötigt. Dazu eignen sich bemalte Styropor- oder Kartonplatten. Alternativ können auch verschiedenfarbige Tücher verwendet werden. Jeweils zwei Platten ergeben – über Eck aufgestellt – einen Szenenhintergrund. Für den Boden und die landschaftliche Ausgestaltung der Szenen können Gras- bzw. Sandmatten und weiteres Material aus dem Modellbauzubehör verwendet werden (z. B. Schilfgras, Moos oder Modellfelsen).

Bauklötzchen aus Holz eignen sich für das Standbild auf den Baustellen Ägyptens. Aus den Holzklötzen können halbfertige Häuser aufgebaut werden und die Israeliten können diese Bauklötze wie überdimensionale Steinquader vor sich herschieben.

Das Meer lässt sich leicht aus Frischhalte- oder Zellophanfolie basteln. Mehrere Lagen Folie werden übereinandergelegt und zusammengeknüllt. Dadurch entstehen in der Folie Knicke und Falten, die Wellen des Meeres. In der Szene wird dieses Folienmeer auf einen blauen Untergrund gelegt (z. B. Tonpapier, Tuch oder Styroporplatte). Nun schimmert die Folie bläulich. Während den Einzelbildaufnahmen können die Falten in der Folie verändert werden. Im fertigen Film entstehen dadurch Wellenbewegungen.

Wolken- und Feuersäule können aus Papprollen gebastelt werden. Mit Watte beklebt entsteht daraus die Wolkensäule. Für die

Abbildung 43: Aus Frischhaltefolie, die über blauem Papier oder einer blauen Styroporplatte zerknüllt wird, entsteht ein stimmungsvolles Trickfilmmeer.

Feuersäule kann rotes und gelbes Transparentpapier aufgeklebt werden. Alternativ kann die Feuersäule auch aus einem länglichen Windlicht aus Glas gebastelt werden. Dazu wird das Windlicht mit gelben und roten Glasfarben bemalt. Durch die Kerze im Inneren der Glasröhre leuchtet und flackert die Feuersäule später im Film.

Anregungen und Tipps zur Umsetzung

Die Einleitungsszenen (Verehrung des Pharao; Israels Sklavenarbeit; Die Klage des Volkes und Gottes Offenbarung; Die Pessachnacht) werden als Standbilder gestaltet. Eventuell können diese Standbilder mit Videoeffekten animiert bzw. aufgelockert werden (z.B. Kamerafahrt von einer Bildseite auf die andere).

Für die eigentlichen Trickfilmszenen bietet es sich an, immer wieder einzelne Figuren in Groß- und Detailaufnahmen zu zeigen (z.B. den kleinen Jonathan, als er die ägyptischen Verfolger entdeckt). Damit die Gefühle und Gedanken sich bereits in den Gesichtern widerspiegeln, können Mund und Augen mit wasserlöslichen Modellfarben immer wieder umlackiert werden. Unterstützt werden können solche emotionalen Aufnahmen sehr gut durch entsprechende Musik. Pauken, Trommeln, Rasseln und ähnliche Instrumente, die zum Fundus jeder Schule gehören, eignen sich dafür.

In Vor- und Nachspann des Films sollten alle Schülerinnen und Schüler, die an dem Trickfilmprojekt beteiligt waren, erwähnt werden. Fotos, die den Produktionsprozess illustrieren, werten jeden Nachspann auf. Viele Videoschnittprogramme bieten außerdem Vorlagen für Titel, Vorspann und Outro an. Als Titelsong eignen sich verschiedene Lieder, die das Exodusmotiv, die Gegenwart Gottes in Angstsituationen oder Gottes Namen aufgreifen. Z.B. das bekannte Spiritual „Let my people go" oder der sehr eingängige Liedruf „Gott, Gott, Gott geht mit, worauf du dich verlassen kannst".

Das Volk Israel am Schilfmeer (2. Mose 13,17–14,31) | M19a

Seit vielen Jahren lebte das Volk Israel in Ägypten. Dort herrschte ein Pharao, der von seinem Volk wie ein Gott verehrt wurde. Doch die Israeliten beteten nicht zu den ägyptischen Göttern. Sie sagten: Wir haben nur einen Gott. Und dieser Gott ist nicht wie ein Mensch!

Dem Pharao und seinen Beratern gefiel es gar nicht, wie die Israeliten dachten. Sie hatten Angst, dass die Israeliten ihnen vielleicht sogar einmal gefährlich werden könnten, denn schließlich wurde das Volk immer größer. Also ließ der Pharao die Israeliten für sich arbeiten, damit sie nicht auf dumme Gedanken kämen.

Hart und anstrengend war die Arbeit für die Israeliten. In der Hitze schufteten sie auf den Baustellen des Pharao. Vorratshäuser und Lagerhallen bauten sie. Angetrieben von den Befehlen der ägyptischen Aufseher. Niedergedrückt von der Hitze der Sonne. Unter den Schmerzen der Peitschenschläge. Sklaven der Ägypter.

In ihrer Not schrien die Israeliten zu Gott. Nur er konnte ihnen noch helfen. Und Gott hörte die Schreie des Volkes. Er sprach zu Mose: „Ich bin bei euch und ich werde bei euch sein! Das ist mein Name. Geh zum Pharao und befiehl ihm in meinem Namen, dass er euch in die Freiheit gehen lässt."

Es dauerte lange, bis der Pharao auf Gott hörte. Doch eines Nachts, als Gott eine schwere Plage über die Ägypter geschickt hatte, sprach der Pharao zu Mose: „Verschwindet! Geht weg, damit die Grausamkeit eures Gottes auch von uns geht."

So machten sich die Israeliten auf den Weg aus Ägypten. All ihre Habseligkeiten hatten sie gepackt. Decken und Mäntel, Krüge und Stöcke, Ziegen und Schafe. Jonathan und die anderen Kinder der Israeliten waren ganz aufgeregt, als sie durch das staubige und sandige Gelände zogen. Mose ging voran. Die Männer, Frauen, Kinder, die Alten und die Tiere folgten ihm. Als die Israeliten aufgebrochen waren, hatte Jonathan seine Mutter gefragt: „Woher weiß Mose, welchen Weg wir gehen sollen?" – „Gott zeigt ihm den Weg.", hatte die Mutter geantwortet. Ganz aufmerksam hatte Jonathan nach vorne zu Mose geblickt. Tatsächlich – da schimmerte etwas. Wie eine lange Säule aus Wolken war das. Sie schien vor den Israeliten herzugehen. Nachts, wenn es dunkel wurde, leuchtete die Säule wie Feuer. Sie erhellte die ganze Nacht.

Einige Tage waren die Israeliten nun schon fort. Unruhig saß der Pharao auf seinem Thron. Die Arbeit auf seinen Baustellen stand still. Da war niemand mehr, der für ihn arbeitete. „So kann es nicht weitergehen!", knurrte der Pharao vor sich hin, „Wir holen die Israeliten zurück!"

Der kleine Jonathan hüpft zwischen seinem Vater, seiner Mutter und den Tieren hin und her. Er hört, wie sich die Erwachsenen unterhalten: „Endlich frei! Ich hätte nie gedacht, dass ich dieses Gefühl je erleben darf. Keine Peitschen mehr. Keiner der uns sagt, was wir zu tun haben." – „Ich kann es noch gar nicht glauben. Sind wir wirklich frei?" Jonathan blickt sich um. Ägypten liegt nun schon fast ganz hinter ihnen. Doch mit einem Mal erschrickt Jonathan. „Papa, schau!", ruft er aufgeregt. Der Vater dreht sich um. Wie angewurzelt bleibt er plötzlich stehen.

Hinter den Hügeln, ganz weit entfernt, nähern sich die Streitwagen des Pharao und die ägyptischen Soldaten. Das Volk wird unruhig: „Mose! Die Ägypter kommen!" – „Wir werden verfolgt."

Inzwischen sind die Israeliten am Schilfmeer angekommen. „Wir sind verloren!", rufen einige laut. „Vor uns liegt das Meer und hinter uns kommen die Ägypter immer näher." – „Gott hat uns verlassen." Jonathan bekommt Angst. Ganz eng klammert er sich an seine Mutter: „Ist das wahr? Ist Gott weg?" Die Mutter streicht Jonathan über den Kopf: „Denk doch an das, was Gott gesagt hat. An seinen Namen: Ich bin bei euch, ich werde bei euch sein. So heißt Gott. Darauf darfst du dich verlassen. Auch jetzt, wo du Angst hast, ist er da."

Mose steht ganz vorne vor dem Volk. Jonathan sieht sein Gesicht. Ganz still ist Mose. Er hebt die Arme und sagt mit kräftiger, aber trotzdem ruhiger Stimme: „Habt keine Angst. Vertraut Gott. Er kennt unsere Not. Gott selbst wird für uns kämpfen."

Es wird dunkel. Aber Jonathan kann nicht schlafen. Er findet keine Ruhe. Wieder blickt er nach vorne. Dorthin, wo Mose ist. Jonathan sucht die Feuersäule. Doch er sieht sie nicht. Wieder streicht die Mutter sanft über Jonathans Kopf: „Schau nach hinten." Jonathan dreht sich um. Er sieht, wie die Feuersäule hell flackernd hinter ihnen steht. Zwischen dem Volk Israel und den Ägyptern. „Gott ist bei uns. Und er wird bei uns sein."

Mit einem Mal zieht ein starker Wind auf. Die Ägypter kommen mit ihren Streitwagen nicht mehr vorwärts. Sie müssen stehen bleiben – keinen einzigen Schritt können sie in dieser Nacht gehen. Nun kommt Jonathan endlich zur Ruhe. Er kuschelt sich an seine Mutter und schläft ein.

Im Morgengrauen wacht Jonathan auf. Er blickt nach vorne zum Meer. Aufgeregt ruft er: „Mama! Sieh mal, das Meer!" – Die Mutter steht auf und sieht nach vorne. Doch dort, wo am Abend noch die Wellen des Meeres ans Ufer schlugen, ist nur noch trockener Sand zu sehen. „Dieser starke Wind...", sagt die Mutter. „Ach, Unsinn. Von wegen Wind.", denkt Jonathan. „Das hat Gott gemacht!"

Nun geht alles ganz schnell. Die Israeliten brechen ihr Lager ab und das ganze Volk zieht los. Mitten durch den sandigen und steinigen Meeresgrund. Wieder ist die Wolkensäule bei ihnen und weist dem Volk den Weg.

Als sie am anderen Ufer ankommen, blickt Jonathan zurück. Er sieht, wie auch die Ägypter aufbrechen und mit ihren Streitwagen, Soldaten und Tieren hinter den Israeliten herjagen wollen. Doch der Meeresgrund ist zu sumpfig. Sie kommen nicht voran. Plötzlich kommt das Meer zurück. Die Ägypter können nicht zurück.

Die Freude im Volk ist unendlich groß: „Wir sind gerettet!" – „Gott hat uns befreit!" – „Lasst uns ein Freudenfest feiern! Lasst uns singen und tanzen!" Jonathan ist hin- und hergerissen. Er freut sich, dass sie endlich frei sind. Trotzdem gehen ihm schwere Gedanken durch den Kopf, als er an das Leid der Ägypter denkt. Die Mutter legt ihren Arm um Jonathan: „Ich weiß nicht, warum Gott das zugelassen hat. Aber ich weiß, dass er unsere Freiheit will. Und dass nirgendwo in dieser Welt Menschen den Schmerz und die Ängste erleben sollen, die wir durch die Ägypter erfahren haben."

1. Jonathan sieht, wie die ägyptischen Streitwagen und die Soldaten des Pharao näher kommen. Schreibe auf, was Jonathan in diesem Moment denkt.

M21 Ein Lied der Befreiung

1. Am Abend feiern die Israeliten ein Fest der Befreiung. Dichte einen kurzen Liedtext, der von den Befreiungserlebnissen der Israeliten und von Gott erzählt.

_____

_____

_____

_____

_____

_____

_____

_____

_____

_____

_____

_____

_____

_____

_____

Storyboard-Einstieg (2. Mose 13,17–14,31) M22

Filmtitel: ______________________________	Seite: ______1

Szene: 1	Dauer: 20 Sekunden
Einstellung: Totale	Perspektive: Normalperspektive

Regieanweisungen/Handlung/Dialoge:

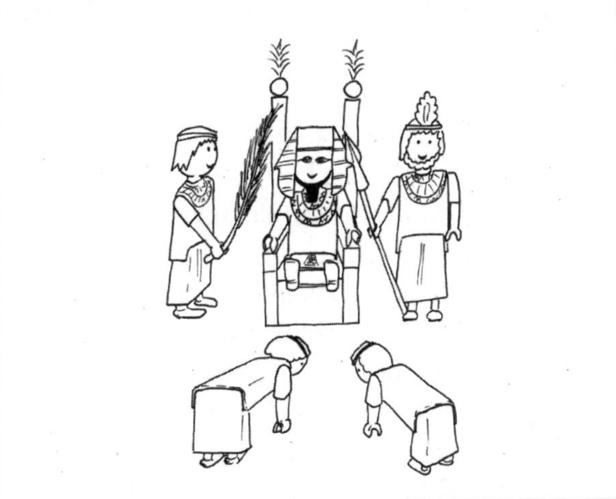

▷ STANDBILD;

▷ Pharao sitzt auf Thron;

▷ Ägypter verbeugen sich vor ihm;

▷ Erzähler liest Absatz 1 des Lesetextes (M19).

Geräusche:

▷ Gemurmel der Ägypter: „Du bist unser Gott, Pharao."

Szene: 2	Dauer: 20 Sekunden
Einstellung: Totale	Perspektive: Normalperspektive

Regieanweisungen/Handlung/Dialoge:

▷ STANDBILD;

▷ Israeliten schleppen Steine auf einer ägyptischen Baustelle;

▷ Aufseher mit Peitsche;

▷ Sonne sticht hell vom Himmel;

▷ Erzähler liest Absatz 2 des Lesetextes (M19).

Geräusche:

▷ Stöhnen der Sklaven;

▷ Knallen der Peitschen;

▷ Schwere Schritte und Schleifgeräusche im Sand.

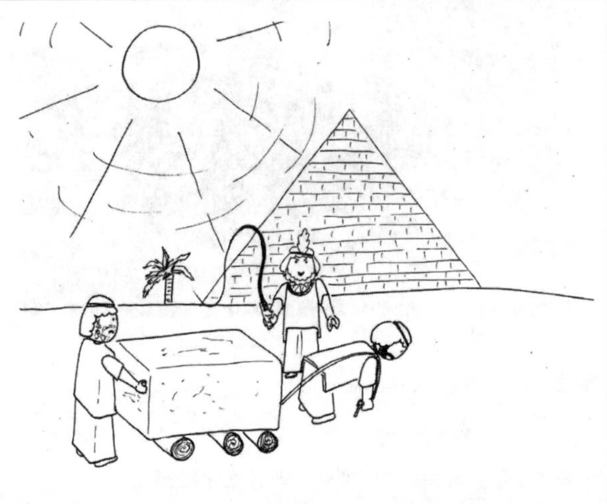

M23a | Trickfilme mit „Magix Video deluxe" (Kurzanleitung)

1. Gestalte deine Trickfilmszene. Verbinde den Camcorder oder die Webcam mit dem Computer. Achte darauf, dass die Kamera fest auf dem Stativ sitzt.

2. Starte das Programm „Magix Video deluxe", gib einen Titel für dein Trickfilmprojekt ein und stelle das Bildformat ein (PAL 4:9 oder PAL 16:9).

3. Im Hauptmenü des Programms wählst du nun die Aufnahmequelle aus. Klicke dazu auf die Schaltfläche „Aufnahme" → „Einzelbild" (Abbildung). Unter „Videoquelle" kannst du die angeschlossene Kamera auswählen. Richte die Kamera so aus, dass sie nur die gestaltete Trickfilmszene bzw. den gewünschten Ausschnitt der Szene erfasst.

4. Im Aufnahmemenü kannst du unter „Schritt 2" einen Namen für die Einzelbilder eingeben (z. B. Relitrickfilm0001). Die folgenden Bilder werden dann automatisch durchnummeriert. Stelle anschließend die Aufnahmequalität auf „Beste" ein. Die Auflösung solltest du über die Schaltfläche „Erweitert" → „Format" → Dateigröße auf mindestens 800 × 600 einstellen. Für die Fotolänge (rechts unten) setzt du den Wert auf „4 Bild(er)". Das heißt, du benötigst 6 Einzelbilder pro Sekunde (Abbildung).

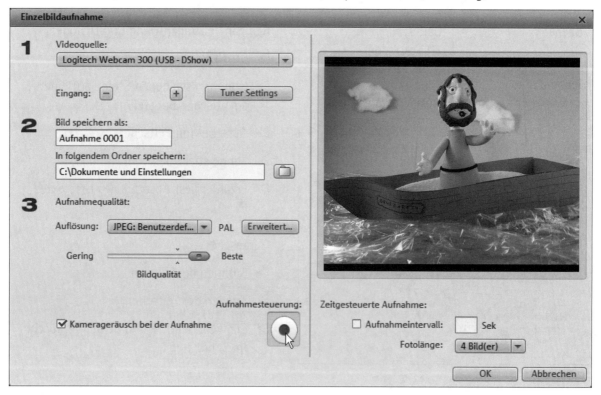

5. Klicke mit der Maus auf den Aufnahmeknopf, um das erste Bild aufzunehmen. Verändere jetzt die Haltung und die Position der Figuren ein wenig und nimm das nächste Bild auf. Wenn du alle Einzelbilder aufgenommen hast, klickst du auf die Schaltfläche „OK". Die Bilder werden dann automatisch auf die Storyboardleiste des Schnittprogramms übernommen. Über den Schaltknopf „Play" kannst du deine Animation schon einmal probeweise ansehen.

6. Wechsle zum weiteren Bearbeiten deines Trickfilms von der Storyboardansicht in die Zeitleistenansicht des Programms. Klicke dazu auf den „Timeline-Button".

7. Jetzt kannst du deinen Trickfilm mit einigen Effekten und Blenden zwischen den einzelnen Szenen noch aufwerten. Achte darauf, dass du nur wenige Effekte verwendest, damit dein Film nicht zu unruhig wird.

8. Um vorbereitete Tonaufnahmen in deinen Film einzubinden, öffnest du das Menü „Import" und wählst das Laufwerk und den Ordner aus, in dem die Tonaufnahmen gespeichert sind. Klicke mit der Maus auf die Datei, die du in den Film einfügen möchtest, und ziehe sie nach unten auf die Zeitleiste unter die Trickfilmfotos (Abbildung). Dort kannst du sie hin-

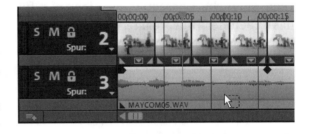

und herschieben, kürzen oder mit Effekten verändern („Effekte" → „Audioeffekte"). Du kannst Stimmen und Geräusche auch selbst aufnehmen. Dazu musst du ein Mikrofon an den Computer anschließen. Über das Menü „Aufgaben" → „1. Importieren" → „Audio aufnehmen" kannst du alle nötigen Einstellungen vornehmen und deine Tonaufnahme starten.

9. Gestalte für deinen Film einen Titel, einen Vor- und einen Nachspann. Über die Schaltfläche „Titel" kannst du verschiedene Gestaltungsarten auswählen und bearbeiten. Das Programm bietet auch einige vorgefertigte Vor- und Nachspannvorlagen. Um diese zu bearbeiten, klickst du auf „Effekte" → „Designelemente" → „Intros/Outros".

10. Speichere deinen Film und exportiere ihn in ein Videoformat („Datei" → „Film exportieren"). Den fertigen Trickfilm kannst du direkt auf CD oder DVD brennen. Klicke dazu im Programm auf die Schaltfläche „Brennen" (rechts oben). Gestalte ein Menü für deinen Animationsfilm (Abbildung), brenne ihn auf DVD und schon ist dein erster selbstproduzierter Trickfilm fertig und bereit für die Vorführung!

4.3 Auf Jesus hören: Ein Knettrickfilm zu Markus 1,16–20

Jesu Botschaft von der Herrschaft Gottes ist eine Botschaft, die Menschen mit ihrem ganzen Leben einbezieht. Die Berufung der ersten Jünger wird zu einem Basistext für gelebtes Christentum bis in die heutige Zeit.

Im vorgestellten Knettrickfilmprojekt begegnen Schülerinnen und Schüler dem aufrüttelnden Ruf Jesu an seine ersten Jünger. Dabei erzählen sie mit ihren Knetfiguren nicht nur eine alte Geschichte nach. Die Jungen und Mädchen treten selbst in einen Dialog mit dieser Aufforderung und entdecken mögliche Konsequenzen nicht nur für das Leben der Brüderpaare, die im Bibeltext Jesus folgen.

Exegetische und didaktische Erschließung zu „Die Berufung der ersten Jünger" (Markus 1,16–20)

Jesus verkündigt das nahende Reich Gottes. Er ruft zur Umkehr und zum Glauben auf. Welche Konsequenzen das Hören dieser Aufforderung haben kann, führt der Evangelist Markus mit der Berufung der ersten Jünger am See Genezareth aus. Menschen, die der Verkündigung Jesu Gehör und Glauben schenken, geben ihr bisheriges Leben auf und folgen Jesu nach. So erzählt es der Evangelist von den beiden Brüderpaaren Simon und Andreas und Jakobus und Johannes. Sie ruft Jesus in seine Nachfolge. Sehr knapp erzählt Markus von dieser Berufung. Keine Gedankengänge der neuberufenen Jünger werden geschildert, keine Zweifel oder Fragen. Nur, dass sie, die gerade noch bei der Arbeit mit ihren Fischernetzen beschäftigt waren, der Aufforderung Jesu folgen. Wenn der klare Ruf Jesu ergeht, bedarf es einer klaren und konsequenten Antwort – ohne große Diskussionen. Es ist keine Abenteuerlust, der die Männer nachgeben, oder etwa das Gefühl, sowieso nichts zu verlieren zu haben. Allesamt sind Fischer, Männer mit einem Beruf und mit Verantwortung für ihre Familien. Von Jakobus und Johannes wird sogar überliefert, dass sie ihren Vater und dessen Tagelöhner zurücklassen. Demnach dürfte ihre Familie auch nicht zu den ärmsten Fischern am See gehört haben. Doch der Kern dieser Berufungsszene liegt nicht auf dieser Radikalität, mit der die Berufenen alles hinter sich lassen. Entscheidender ist der Auftrag, mit dem Jesus seinen Nachfolgeruf verbindet. Er knüpft nicht nur rhetorisch an die Erfahrungs- und Berufswelt der Männer an: „Menschenfischer" sollen sie werden. Sie sollen Menschen dafür gewinnen, am Reich Gottes mitzubauen. Diese Aufgabe ergreift Simon, Andreas, Jakobus und Johannes in ihrer gesamten Existenz. Deshalb wird der Bruch so drastisch geschildert.

Die Berufenen werden Mitarbeiter am Reich Gottes. Sie sollen Jesus nicht nur hinterher laufen und sein Reden und Handeln aufnehmen, sie sind beauftragt und bevollmächtigt, ebenso zu handeln. Wie Jesus sollen sie sich derer annehmen, die am Rand der Gesellschaft stehen, und sollen die in die Gemeinschaft zurückholen, die ausgegrenzt oder herausgefallen sind. Jünger oder Jüngerin Jesu zu sein heißt, zur Verkündigung und Praxis im Geist Gottes beauftragt zu sein. Dieser Auftrag gilt nicht nur für die historischen Begleiterinnen und Begleiter Jesu. Durch die Taufe sind Christinnen und Christen aller Zeiten in die Nachfolge Jesu gerufen.

Die Berufungsgeschichte der ersten Jünger bietet vor allem für Schülerinnen und Schüler der Sekundarstufe vielfältige Lernmöglichkeiten. Jungen und Mädchen sind auf der Suche nach (Neu-)Orientierung und Gemeinschaft – v. a. Freundschaften mit Gleichgesinnten – gewinnt an Bedeutung. Mit diesen inneren Suchbewegungen können sich im Unterricht interessante Fragen und Gedanken auftun. Z.B. kann gemeinsam überlegt werden, was die Fischer an Jesus so gefesselt haben mag, dass sie (bedingungslos) mit ihm gingen, welche Gedanken die Männer beim Aufbruch vielleicht beschäftigt haben oder wie sie den Begriff „Menschenfischer" verstanden haben könnten. Auch die Bedürfnisse, die die Jünger mit in die Gemeinschaftsbeziehung mit Jesus nehmen, können ein Thema des Projekts werden.

Durch die Ausgestaltung des Lesetextes, der die Berufungsgeschichte aus Sicht der berufenen Jünger erzählt, soll den Schülerinnen und Schülern ein Miterleben dieser Geschichte ermöglicht werden. Wie im Bibeltext tritt auch in der Textgrundlage zum Trickfilm Jesus für die Fischer am See recht unvermittelt auf. Damit die Schülerinnen und Schüler die Entscheidung der Männer nachvollziehen können, wird zu Beginn die Hoffnung der Menschen zur Zeit Jesu auf den endzeitlichen Messias Gottes thematisiert. Auch die charismatische Erscheinung Jesu, in dem sich die Hoffnungen der Männer verdichten, soll zum Ausdruck kommen. Davon ausgehend können die Schülerinnen und Schüler selbstständig Gedanken der Männer formulieren, als sie Jesus folgen. Für den Trickfilm können zusätzlich Standbilder gestaltet werden, die z. B. zeigen, wie Jesus sich um Kranke oder ausgegrenzte Menschen kümmert. Diese Standbilder geben als Abschluss des Films einen Ausblick auf den weiteren Weg der Jünger mit Jesus.

Anregungen zur Texterschließung und Vertiefung im Unterricht

- Zu Beginn der Geschichte unterhalten sich Simon und Andreas über ihre Sorgen und Hoffnungen. Schreibe dieses Gespräch mit deinen eigenen Worten auf das Arbeitsblatt (M25).
- Jesus sagt zu Simon und Andreas: „Ich will, dass ihr Menschenfischer werdet." Du kannst dir vorstellen, was Jesus damit meint.
- Du kennst Geschichten über Jesus, in denen er zeigt, wie ein „Menschenfischer" handelt.
- Auch heute gibt es viele Situationen, in denen „Menschenfischer" gebraucht werden.
- Simon, Andreas, Jakobus und Johannes haben sicher ihre Gründe dafür, warum sie mit Jesus gehen. Schreibe die Gründe für

Simons Entscheidung und auch die Fragen und Unsicherheiten, die ihn beschäftigen, auf das Arbeitsblatt (M26).

Methodische Vorbemerkungen zum Trickfilmprojekt

Aus Knetgummi, Plastilin oder Fimo gestalten die Schülerinnen und Schüler selbst die Figuren und Hintergründe für ihren 3D-Trickfilm zur Berufung der ersten Jünger. Je nach Alter und Geschicklichkeit der Jungen und Mädchen können die Figuren unterschiedlich hergestellt werden. Die einfachste Möglichkeit zum Basteln einer Knettrickfigur ist die Verwendung einfacher Knetmasse. Nachdem die einzelnen Gliedmaßen der Figuren geknetet wurden, werden diese mit gekürzten Streichhölzern zusammengesteckt. Es sollte darauf geachtet werden, dass die Figuren mindestens 10 cm groß sind. Größere Figuren (ca. 15–20 cm) sind einfacher zu handhaben.

Wer etwas anspruchsvollere und stabilere Figuren herstellen möchte, kann zunächst ein Skelett aus Aluminium- oder speziellem Sisalfigurendraht herstellen. Auch Rohlinge für Biegefiguren eignen sich gut als Grundlage für eigene Trickfiguren. Das Figurenskelett wird anschließend entweder mit Modelliermasse oder mit Moosgummi ausgestaltet. Die Moosgummi-Variante ist zwar aufwendiger, die Figuren sind aber robuster, denn wenn Knetfiguren aus Fimo oder Modelliermasse über einen längeren Zeitraum animiert werden, erwärmt sich die Knetmasse und verliert ihre Formstabilität.

Im Materialanhang dieses Kapitels finden sich Bastelanleitungen für einfache Knetfiguren (M28) und für aufwendigere Trickfiguren, die aus einem Biegefigurenrohling, Moosgummi und Fimo gebastelt werden (M29).

Viele Hintergründe und Requisiten können aus Knetmasse oder Fimo hergestellt werden (z. B. Bäume und Büsche, Tiere, Sonne und Wolken). Fimo eignet sich besonders für solche Gegenstände, die im Trickfilm nicht selbst verändert, also verbogen werden müssen.

Technische Ausstattung und
Materialsammlung

Als Arbeitsfläche für den Figurentrick dienen
die zusammenklappbare Trickfilmbühne aus
Kapitel 2.3 oder ein anderer großer Arbeitstisch. Farbig bemalte Styropor- oder Kartonplatten dienen als Hintergründe für die
Trickfilmszenen. Acrylfarben eignen sich
besonders gut zum Bemalen der Hinter-
grundplatten. Allerdings sollten eher helle
Pastellfarben verwendet werden, da die Hintergründe im Film sonst zu dunkel erscheinen
können. Vor der Animationsbühne werden
eine Webcam oder ein Mini-DV-Camcorder
fest auf einem Stativ montiert. Die Ausgangsposition der Kamera sollte am Boden
und am Stativ mit farbigem Klebeband markiert werden. Ein Computer mit ausreichendem Festplattenspeicher, Soundkarte, Mikrofon und der Trickfilmsoftware „Stop Motion
Pro Action!" vervollständigen das Klassen-
zimmer-Trickstudio. Ein Geräuschearchiv auf
CD, Audioschnittsoftware sowie Orff-Instrumente und Gegenstände zur Klangerzeugung
ergänzen diese Grundausstattung.

Je nach Art der Trickfiguren werden unterschiedliche Materialien benötigt. Für einfache Figuren genügt ausreichend Knetmasse
in unterschiedlichen Farben. Für aufwendigere Trickfiguren müssen zusätzlich Draht
oder Figurenrohlinge, Moosgummi und Holzperlen zur Verfügung gestellt werden.

Damit die fertigen Figuren fest auf dem
Untergrund stehen, werden spezielle Haftknetstreifen benötigt, die an den Füßen der
Figuren aufgeklebt werden. Im Bastel- und
Schreibwarenzubehör sind sie in verschiedenen Ausführungen erhältlich (z.B. UHU patafix Klebepads oder Pritt Multi-Fix Haftpunkte).

Die einzelnen Szenen können mit farbigen Tüchern und Naturmaterialien oder Mo-
dellbau- und Bastelzubehör ausgestaltet werden. Besonders gut eignen sich verschiedene
Moose (z.B. für das Ufer des Sees) oder Kies
und Sand (z.B. für staubige und felsige Land-
schaften). Es können auch unterschiedliche

Abbildung 44: Tiere und Pflanzen können für Figurentrickfilme aus Knetgummi oder Fimo gestaltet werden.

Bodenplatten für die einzelnen Szenen angefertigt werden. Dazu streichen die Schülerinnen und Schüler große Pappkarton- oder
Styroporplatten mit Leim ein und bekleben
diese Platten anschließend (z.B. mit Sand).

Der See kann – ähnlich dem Schilfmeer
aus Kapitel 4.2 – aus Frischhalte- oder Zellophanfolie gebastelt werden, die auf einen
blauen Untergrund gelegt wird. Kleine Fischerboote, die weit im Hintergrund über
den See schwimmen, können aus braunem
Tonpapier gefaltet werden. Für große Knetfiguren sind gefaltete Boote allerdings zu
klein. Deshalb können hier entweder Boote
aus dem Sortiment biblischer Erzählfigu-
ren oder Holzspielzeugboote verwendet werden. Alternativ lassen sich diese Fischerboote
aber auch aus dem Deckel eines Eierkartons
und aus braunem Tonkarton basteln. Aus
dem Tonkarton schneiden die Schülerinnen

Abbildung 45: Ein selbstgebasteltes Eierschachtelboot
auf einem See aus Frischhaltefolie.

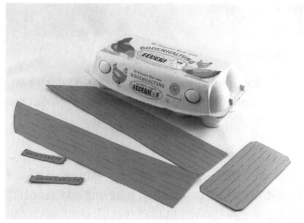

Abbildung 46: Aus dem Deckel einer Eierschachtel und braunem Tonpapier entsteht ein Boot für die Trickfigurenfischer auf dem See Genezareth.

und Schüler zwei deckungsgleiche Seitenteile und die Rückwand eines Bootes aus. Die Seitenteile werden jeweils an eine Längsseite des Eierkartons, die Rückwand an eine der schmalen Seiten geklebt. Anschließend werden die Spitzen der Seitenteile miteinander verleimt.

Anregungen und Tipps zur Umsetzung

Die Anfangssequenzen des Trickfilms zeigen Simon und Andreas, die sich vor dem Dorf treffen, zum See gehen und dort ihr Boot ins Wasser schieben. Daran schließt sich eine längere Gesprächsphase der beiden Brüder im Boot an. Im Trickfilm können solche Dialogsequenzen aus einer subjektiven Kameraperspektive fotografiert werden, sodass der jeweils Sprechende über die Schultern des anderen zu sehen ist. Der Mund kann bewegt werden, indem die Trickfiguren in jedem zweiten oder dritten Bild einen neuen Mund aus Knetgummi aufgeklebt bekommen. Auch Bewegungen der Augen und der Arme unterstützen die Dynamik des Gesprächs.

Jesus wird in der Bibeltextübertragung als charismatische Persönlichkeit dargestellt. Deshalb sollte sein Auftreten am See entsprechend in Szene gesetzt werden. Dafür kann z.B. wieder die Subjektive verwendet werden. Über die Schultern Jesu hinweg werden die gebannten Gesichter von Simon und

Andreas fotografiert. Zusätzlich kann Jesus mit einer kleinen Schreibtischlampe angeleuchtet werden, was die Darstellung von Jesu Ausstrahlung ermöglicht.

Zum Abschluss der Geschichte findet ein Ausblick auf den weiteren Weg der Jünger mit Jesus statt. In Anlehnung an Bibelstellen wie Mk 3,1–6 (Die Heilung eines Mannes am Sabbat) oder Mk 2,13–17 (Die Berufung des Levi und das Mahl mit den Zöllnern), können Standbilder gestaltet werden.

Wird das Trickfilmprojekt mit „Stop Motion Pro Action!" aufgezeichnet, müssen die Schülerinnen und Schüler für Vor- und Nachspann große Textkarten gestalten, die abfotografiert werden. Neben dem Titel des Films sollten dabei die Namen aller beteiligten Schülerinnen und Schüler aufgeführt werden. Auch diese Texte können im Stop-Motion-Verfahren aufgenommen werden. Aus Knete können einzelne Buchstaben geformt werden, die ins Bild purzeln. Unterstützt werden Vor- und Nachspann von einem Titellied, das die Schülerinnen und Schüler im Unterricht einstudieren und aufnehmen können. Geeignet sind dafür biblische Erzähllieder zur Berufungsgeschichte der ersten Jünger oder zum „Menschenfischer"-Thema: z.B. „Jesus, der zu den Fischern lief" von Jürgen Henkys und Frits Mehrtens oder „Kommt mit, wir wollen Freunde sein! (Menschenfischerlied)" von Christa Baumann und Stephen Janetzko.

M24a | Die ersten Jünger (Markus 1,16–20)

Wie jeden Morgen sind die beiden Brüder Simon und Andreas sehr früh aufgestanden. Es ist noch dunkel, als sie sich draußen vor dem Dorf treffen. Dort am See Genezareth liegt ihr kleines Fischerboot mit den Netzen. Gemeinsam schieben sie das Boot ins Wasser.

Als die beiden im Boot sitzen, gähnt Andreas: „Jeden Tag so früh aufstehen. Aber was will man machen. Das ist eben die beste Zeit. Schließlich kommen die Fische in der Dunkelheit ganz nah an die Wasseroberfläche." Simon nickt und antwortet: „Unsere Arbeit ist ganz schön hart und anstrengend. Aber das ist nicht das einzige, was unser Leben manchmal ganz schön dunkel macht. Denk doch nur an die Römer oder an die Zöllner und die anderen Steuereintreiber und Rechthaber!" – „Erinnere mich nur nicht an die!", mit grimmiger Stimme wirft Andreas sein Netz ins Wasser. „Gestern erst, als ich unsere Fische auf dem Markt verkaufen wollte, kam wieder einer von diesen Zöllnern und verlangte, dass ich Steuern für das zahle, was ich verkaufe. Diese Halunken stecken doch alle mit den Römern unter einer Decke!" Simon sitzt im Boot und stützt den Kopf nachdenklich auf seine Hände: „Die Römer tun auch so, als wären sie die Herren über Himmel und Erde. Sie haben unser Land erobert und seitdem geben sie den Ton an. Die Steuern werden immer höher und sie sagen sogar, dass ihnen jedes winzige Fleckchen Erde hier gehört." – „Pah! Wo doch jeder weiß, dass Gott allein Eigentümer des Landes ist. Und Gott hat uns das Land geliehen, dass wir damit unser tägliches Brot verdienen können. Diese Römer gehen mir ordentlich auf die Nerven. Und alle, die bei uns im Land mal was zu sagen hatten, arbeiten mit ihnen zusammen. Schmeicheln sich ein, nur damit die Römer ihnen noch ein bisschen Macht und Einfluss geben."

Allmählich schiebt sich die Sonne hinter den Hügeln am Seeufer empor. Simon zieht ein Netz voll mit Fischen ins Boot. Dann sagt er: „Es wird Zeit, dass sich etwas ändert. Ich hoffe ja immer, dass es stimmt, was uns der Rabbi in der Synagoge erzählt. Dass Gott einen Friedenskönig schickt. Den Messias. Der endlich das Reich Gottes bringt. Ewigen Frieden und so. Dann haben die Römer und Zöllner, die Könige und Kaiser und alle Mächtigen der Welt nichts mehr zu sagen! Dann sehen sie, wer der wahre König ist. Ich hoffe nur, dass Gott seinen Retter bald schickt."

Nach einer Weile haben Simon und Andreas all ihre Netze ins Boot geholt. Sie fahren zurück zum Ufer. Noch bevor sie dort ankommen, fällt Simons Blick auf einen Mann, der im Ufergras steht. Sein Gesicht leuchtet, so als würde sich die Sonne darin spiegeln. Der Fremde blickt Simon und Andreas mit freundlichen Augen an. Simon und Andreas fühlen sich von diesem Mann angezogen. Irgendetwas an ihm wirkt so vertraut, so friedlich und so unbeschreiblich groß. Obwohl der Fremde nicht besonders kräftig oder stark aussieht, hat Simon das Gefühl, dass dieser Mann ein ganz besonderer Mensch ist.

Mit einem Mal hören Simon und Andreas, wie der Fremde mit ihnen spricht: „Kommt mit mir, ihr beiden. Folgt mir nach. Ich will, dass ihr Menschenfischer werdet. Ihr sollt mir dabei helfen, die Menschen aus dem Meer der Dunkelheit zu fischen, das sie umgibt."

Simon und Andreas blicken sich nur kurz an. Die Worte des Fremden klingen so großartig für sie. So, als würden sie die ganze Welt verändern. Kurzerhand lassen Simon und Andreas ihre Netze im Boot liegen und gehen mit dem Fremden mit. Jesus von Nazareth heißt er.

Als die drei Männer am Ufer des Sees entlanggehen, sehen sie Jakobus und Johannes. Zwei Brüder, die auch als Fischer arbeiten. Sie sind mit ihrem Vater und einigen Angestellten dabei, die Netze zu flicken, die beim Fischfang kaputt gegangen sind. Als Jakobus und Johannes die beiden Männer Simon und Andreas erkennen, winken sie ihnen zu. Jesus, Simon und Andreas gehen zum Ufer. Dorthin, wo Jakobus und Johannes arbeiten. Auch diese beiden Männer können ihren Blick nicht von Jesus nehmen. Jesus sagt: „Kommt auch ihr mit und folgt mir nach. Ich brauche euch. Die Herrschaft Gottes ist nahe und ihr sollt mir helfen, den Menschen zu sagen und zu zeigen, dass Gottes Liebe mitten unter ihnen ist."

Jakobus und Johannes werfen nur einen kurzen Blick zurück auf den See, auf ihre Boote, die Netze und ihren Vater. Dann gehen auch sie mit Jesus.

Auf ihrem Weg fordert Jesus immer wieder Männer und Frauen auf, ihm zu folgen. Jesus und seine Freundinnen und Freunde begegnen unterwegs vielen Menschen, denen sie von Gott erzählen. Simon und Andreas lernen viel von Jesus. Sie sehen, wie er sich um Kranke kümmert und für Menschen da ist, die niemand leiden kann. Mit der Zeit verstehen Simon und Andreas auch, was Jesus damit meinte, als er sagte: „Ich will, dass ihr Menschenfischer werdet."

M25 Simon und Andreas unterhalten sich

1. Simon und Andreas unterhalten sich zu Beginn der Geschichte über ihre Sorgen und Ängste. Schreibe dieses Gespräch auf.

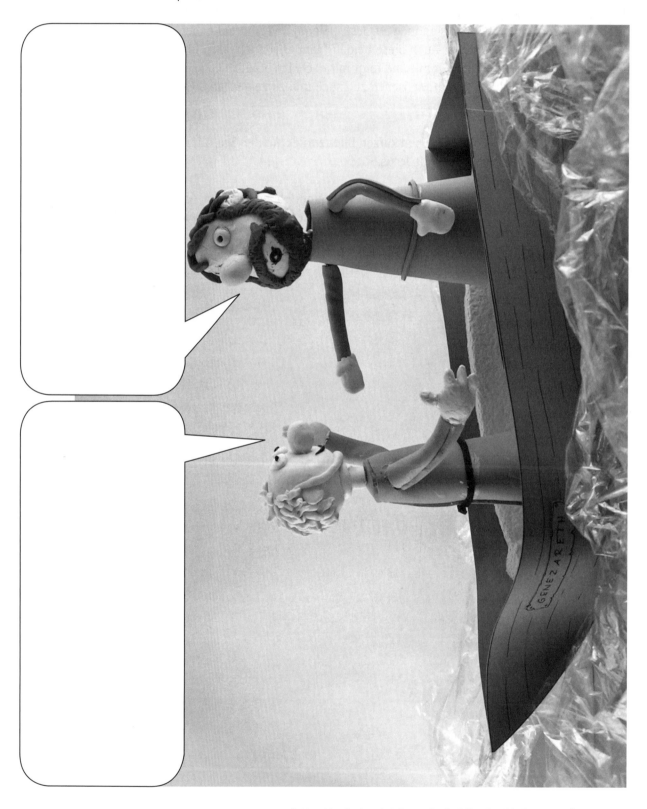

1. Simon folgt Jesus. Welche Gründe könnte er dafür haben, dass er alles zurücklässt und mit Jesus geht? Schreibe einige dieser Gründe in die Gedankenblasen.

2. Sicher beschäftigen Simon auch viele Fragen und Unsicherheiten. Schreibe sie in die Gedankenblasen.

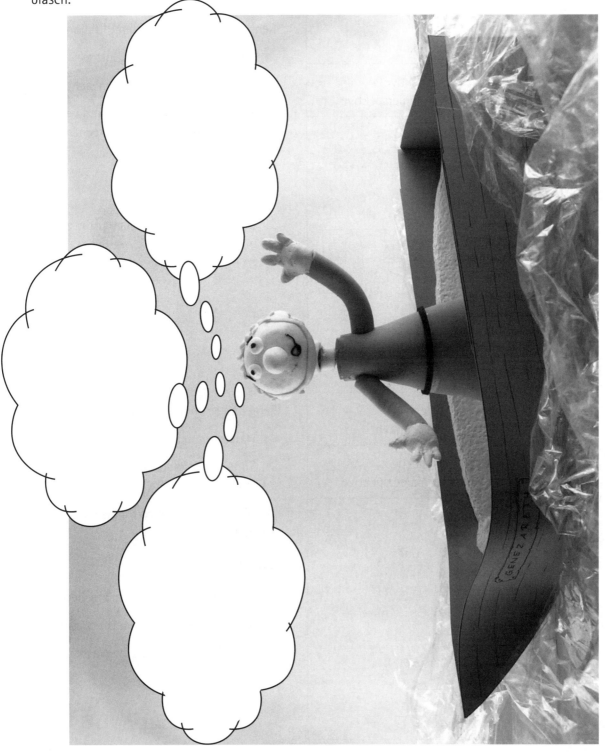

M27 | Storyboard-Einstieg (Markus 1,16–20)

| Filmtitel: _____ | Seite: _____1 |

Szene:	Dauer:
1	20 Sekunden
Einstellung: Totale	**Perspektive:** Normalperspektive

Regieanweisungen/Handlung/Dialoge:

▷ Nachthimmel vor dem Dorf;

▷ Simon und Andreas treffen sich;

▷ Die beiden begrüßen sich und verlassen gemeinsam das Bild nach rechts.

Geräusche:

▷ Grillen zirpen;

▷ Plätschern des Wassers im Hintergrund.

Szene:	Dauer:
2	20 Sekunden
Einstellung: Totale	**Perspektive:** Normalperspektive

Regieanweisungen/Handlung/Dialoge:

▷ Nachthimmel vor dem See;

▷ Simon und Andreas kommen von links ins Bild;

▷ Die beiden schieben ihr Fischerboot in den See.

Geräusche:

▷ Wellenschlagen/Wasserplätschern;

▷ Scharren des Bootes im Ufersand;

▷ Platschen des Bootes im Wasser.

Material: Knetgummi oder andere Modelliermasse, zwei weiße Holzperlen oder Puppenaugen, Streichhölzer

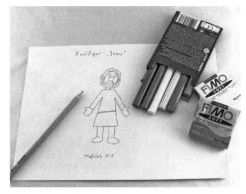

1. Zeichne die Umrisse deiner Trickfigur im Maßstab 1:1. Sie sollte mindestens 12 cm groß sein.

2. Forme aus Knetgummi die einzelnen Körperteile deiner Figur. Als Vorlage verwendest du deine Zeichnung.

3. In den Kopf steckst du entweder zwei weiße Holzperlen oder Puppenaugen.

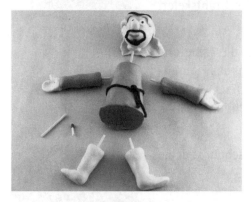

4. Wenn du alle Körperteile vor dir liegen hast, steckst du in die Arme, die Beine und den Hals deiner Figur jeweils ein gekürztes Streichholz.

5. Nun kannst du die einzelnen Teile deiner Figur zusammenstecken. Deine Knettrickfigur ist fertig!

M29 | Trickfiguren mit Drahtskelett

Material: 95 cm Aludraht (Durchmesser 2 mm), zwei Puppenfüße aus Holz oder Blei, ein Korken, Fimo oder andere Modelliermasse, zwei weiße Holzperlen, Moosgummi, Vaseline, Kraftkleber, Farben, Pinsel

Werkzeug: Saitenschneider, zwei Flachzangen, Handbohrer, Messer, Wattestäbchen, Zahnstocher, Wäscheklammern

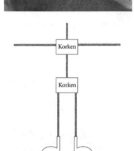

1. Schneide den Draht (4 × 8 cm und 6 × 10 cm) und verzwirble jeweils zwei gleich lange Stücke miteinander. Die beiden kürzeren Stücke verwendest du für die Arme, die anderen drei für das Rückgrat und die Beine deiner Figur.

2. Zerschneide den Korken etwa in der Mitte. Bohre die beiden Korkenstücke mit dem Handbohrer so an, dass du die Drahtstücke wie auf der Skizze hineinkleben kannst.

3. Zeichne eine Skizze des Drahtskeletts im Maßstab 1:1. Um diese Skizze zeichnest du die Umrisse deiner späteren Trickfigur.

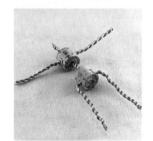

4. Forme Kopf und Hände deiner Figur aus Fimo oder an der Luft trocknender Modelliermasse. In den Kopf drückst du zwei weiße Holzperlen als Augen ein. Die Augenhöhlen werden mit Vaseline ausgestrichen, damit sich die Augen später mit einem Zahnstocher bewegen lassen. Bevor du die Teile im Ofen brennst oder trocknen lässt, musst du sie so anbohren, dass du sie später auf das Drahtskelett stecken kannst.

5. Wickle einen Schaumstoffstreifen zwischen die Korken am Drahtskelett und klebe ihn fest.

6. Aus Moosgummi schneidest du Streifen für das Gewand, die Arme und die Beine der Figur. Anschließend klebst du die Streifen um das Figurenskelett. Als Leimzwingen kannst du Wäscheklammern benutzen. Anstelle des Moosgummis kannst du das Drahtskelett der Figur auch mit Plastilin oder Knetgummi ausgestalten.

7. Klebe den Kopf, die Hände und die Füße auf die Figur und schon ist deine Trickfigur fertig!

Trickfilme mit „Stop Motion Pro Action!" (Kurzanleitung) | M30

1. Gestalte deine Trickfilmszenen und verbinde den Camcorder oder die Webcam mit dem Computer. Überprüfe, ob die Kamera fest auf einem Stativ sitzt, und achte darauf, dass sie während der Arbeit an den Trickfilmaufnahmen nicht verschoben wird.

2. Starte jetzt das Programm „Stop Motion Pro Action!" und gib einen Titel für dein Filmprojekt und für die einzelnen Aufnahmen ein.

3. Im Auswahlmenü „Capture Einstellungen" wählst du die angeschlossene Kamera und die Videoauflösung.

4. Stelle im Programm ein, wie viele Bilder pro Sekunde du aufnehmen möchtest. Klicke dazu mit der rechten Maustaste auf die Schaltfläche „fps" und wähle die entsprechende Zahl aus (Abbildung).

5. Richte die Kamera so aus, dass sie nur die gestaltete Trickfilmszene erfasst.

6. Klicke mit der Maus auf den Aufnahmeknopf, um das erste Bild aufzunehmen. Verändere jetzt die Haltung und die Position der Figuren und nimm das nächste Bild auf. Um den Bewegungsablauf zwischen deiner aktuellen und der vorherigen Aufnahme zu kontrollieren, kannst du den Schieberegler „Onionskin" in die Mitte verschieben. Nun siehst du beide Aufnahmen transparent übereinander gelegt im Vorschaufenster (Abbildung).

7. Hast du alle Einzelbilder für deinen Trickfilm fotografiert, kannst du auf Play klicken, um den Film anzusehen.

8. Um vorbereitete Tonaufnahmen in deinen Film einzubauen, öffnest du das Menü „Werkzeuge" → „Tonsynchronisation" und importierst die entsprechende Audiodatei. Klicke mit der Maus auf die Schaltfläche „sync" um Bild und Ton miteinander zu verbinden.

9. Natürlich kannst du Geräusche und Stimmen auch selbst in „Stop Motion Pro Action!" aufnehmen. Dazu musst du lediglich ein Mikrofon an den Computer anschließen. Über das Menü „Werkzeuge" → „Audioaufnahme" kannst du deine Tonaufnahme starten.

10. Über das Menü „Datei" → „Film erstellen" musst du deinen Animationsfilm z.B. als AVI-Film speichern, um ihn dann auf DVD zu brennen. Dein erster selbstproduzierter Trickfilm ist fertig und bereit für die Vorführung!

11. Wenn du möchtest kannst du deinen Film außerdem als Daumenkino ausdrucken. Klicke dazu auf „Datei" → „Als Daumenkino ausgeben".

4.4 Mit Jesus feiern:
Ein Silhouettentrickfilm zu
Lukas 19,1–10

Jesus kommt zu den Menschen, die am Rand der Gesellschaft stehen, ganz gleich, ob sie durch ihr eigenes Verhalten oder durch das der Gesellschaft in diese Situation kamen.

Durch das vorgestellte Projekt holen die Schülerinnen und Schüler Jesus und sein Handeln in ihre Gegenwart. Dazu erzählen sie die Begegnung zwischen Jesus und dem Zöllner Zachäus mit Schattenfiguren, die vor Fotohintergründen des eigenen Heimatortes animiert werden. Eine beinahe zweitausend Jahre alte Geschichte füllt sich mit Leben.

Exegetische und didaktische Erschließung

Die Evangelien erzählen, dass Jesus immer wieder die Begegnung mit Zöllnern sucht, dass einige von ihnen anschließend mit ihm gehen. Auch der Oberzöllner Zachäus ändert sich durch seine persönliche Begegnung mit Jesus, auch wenn er nicht mit Jesus zieht.

Lukas, der als einziger Evangelist die Begegnung Jesu mit Zachäus überliefert, stellt diesen Zachäus als reichen Oberzöllner vor. Der Evangelist Lukas spricht offen an, dass dieser Reichtum durch Betrug, Erpressung und Unterschlagung angehäuft wurde. Kein Wunder, dass Zachäus bei der Bevölkerung alles andere als beliebt war. Für seine jüdischen Volksgenossen war er nicht nur ein reicher Betrüger, sondern auch ein Kollaborateur, der mit der römischen Besatzungsmacht gemeinsame Sache machte. Er stand trotz seiner wirtschaftlich einflussreichen Position am Rand des Gottesvolkes. Wie eine gezielte Pointe wirkt die Schilderung, dass Zachäus ein klein gewachsener Mann war. Im Unterricht können die Schülerinnen und Schüler darüber ins Gespräch kommen.

Der Bibeltext lässt vermuten, dass Jesus bereits ein gewisser Ruf als Wanderprediger und Prophet vorauseilte. Als letzte Etappe auf seinem Weg nach Jerusalem kommt Jesus mit seinen Jüngerinnen und Jüngern in die Oasenstadt Jericho. Wie viele Bewohner Jerichos ist auch Zachäus neugierig auf den Mann aus Nazareth. Was genau Zachäus über Jesus gehört hat, bleibt unklar. Als Zachäus zur Straße kommt, ist für ihn kein Durchkommen. Im Trickfilmprojekt kann die Szene ausgeschmückt werden, um die Ablehnung der anderen Bewohner Jerichos Zachäus gegenüber auszudrücken. Dort, wo sich Zachäus an ihnen vorbeiquetschen will, rücken die Menschen enger zusammen und werden zu einer lebendigen Mauer. Dem reichen Zollpächter bleibt keine andere Wahl: Wie ein Junge klettert er auf einen Baum. Sicher kein Verhalten, das einem Mann seines Ranges würdig wäre. Unvermittelt nimmt Jesus Blickkontakt mit dem Zöllner auf, trotz der Menschenmenge und trotz des belaubten Baumes, in dem Zachäus sitzt. Genauso unvermittelt sind Jesu Worte. Durchdringend und bestimmend spricht er Zachäus mit Namen an. In diesen Worten Jesu spiegelt sich die zwingende Zuwendung Gottes zu denen, die am Rand der Gesellschaft stehen. „Zachäus, ich m u s s heute Gast in deinem Haus sein", sind die Worte Jesu. Er lädt sich nicht nur selbst ein, sondern macht deutlich, dass es gar keine andere Möglichkeit gibt, als das Gastmahl im Haus des Zöllners. Wenn Gott sich einem Menschen zuwendet, dann ist das keine Option, sondern ein zwingendes Ereignis, nach dem es kein Zurück mehr gibt.

Wie so oft sorgt auch dieses Gastmahl Jesu mit Zachäus für Empörung bei den Umstehenden, in deren Augen sich Zachäus nicht von Räubern, Dieben und anderen Sündern unterscheidet. Er wird als jemand gesehen, der sich selbst für ein Leben jenseits der Weisung Gottes entschieden hat. Wie kann sich Jesus solch einem Menschen zuwenden? Obwohl Jesus in Lk 19 sein Verhalten nicht rechtfertigt, so geben doch andere Bibelstellen eine Begründung für sein Handeln, z.B. Mt 9,9–13, wo ebenfalls ein Gastmahl Jesu mit Zöllnern geschildert wird. Jesus entgegnet den Anfeindungen einiger Schriftgelehrter: „Die Starken bedürfen des Arztes nicht, sondern die Kranken (...) Ich bin gekommen, die Sünder zu rufen und nicht die Gerechten." Damit distanziert Jesus sich nicht von den Pharisäern oder ihrer Glaubenspraxis, sondern erklärt sie für „gerecht", da sie ihr Leben an der Weisung Gottes ausrichten. Er macht aber unmissverständlich klar, dass Gottes Zuwendung allen gilt, auch denen, die sich – vielleicht sogar aus eigener Schuld – außerhalb dieser Gerechtigkeit befinden. Zachäus gehört zu diesen Menschen. An ihm zeigt Lukas, welche bewegende und aufrüttelnde Kraft in der Zuwendung Gottes liegt. Allein die Begegnung mit Jesus genügt, um neues Leben möglich zu machen. So eindringlich, unvermittelt und zwingend wie die Worte Jesu bei seiner Selbsteinladung waren, so eindringlich, unvermittelt und zwingend ist die Reaktion des Zachäus. Jesu Verhalten löst in ihm eine Abwendung von seinem bisherigen Lebensstil aus. Es wird nicht erzählt, dass Zachäus seinen Beruf aufgäbe oder all seinen Besitz hinter sich ließe. Trotzdem findet durch die Begegnung mit Jesus ein Umsturz in seinem Leben statt. Er kehrt sich ab von den Betrügereien und sorgt für Wiedergutmachung. Die Nähe Gottes, die Zachäus erfährt, macht ihn frei von den Fehlern seines Lebens. Es ist anzunehmen, dass Lukas in der konkreten Reaktion des Zöllners auch auf die Zeit und die Situation seiner eigenen Gemeinde blickt. Besitz soll nicht nur für das eigene Wohl, sondern auch für das Wohl aller eingesetzt werden.

Zweimal gebraucht Lukas in seinem Text das Wort „heute". Als Jesus Zachäus anspricht, sagt er „Ich muss heute in deinem Haus einkehren". Diese Formulierung greift der Bibeltext gegen Ende wieder auf, als Jesus die Reaktion Zachäus' mit den Worten würdigt „Heute ist diesem Hause Heil widerfahren". Damit ist nicht nur das „Heute" gemeint, in dem die Geschichte spielt. Lukas fordert seine Leserinnen und Leser damit zum Hineintreten in das Geschehen auf. Es soll zum „Heute" ihrer eigenen Gegenwart werden. So sollen auch die Schülerinnen und Schüler dazu angeregt werden, die Geschichte nicht nur aus der Distanz wahrzunehmen, sondern sie an sich heranzulassen. Sie sollen selbst auf das Geschehen reagieren. Auch der offene Schluss der Erzählung regt dazu an. Im Trickfilmprojekt können die Schülerinnen und Schüler unterschiedliche Reaktionen einbeziehen: Menschen, die sich gemeinsam mit Zachäus freuen, andere, die sich über Jesu Verhalten empören, und solche, bei denen das Gesehene offene Fragen zurücklässt. So gelangt der Text in die Gegenwart der Jungen und Mädchen. Unterstützt wird das durch die kreative Ausgestaltung des Trickfilms. Die Schattentrickfiguren werden auf Fotohintergründen animiert, die Straßen, Häuser und Plätze des eigenen Ortes zeigen. Die Begegnung zwischen Zachäus und Jesus findet mitten im eigenen Ort statt. Auch die Gesichtszüge der Schattenfiguren bleiben offen. Die Figuren können dadurch zu einem Spiegelbild der eigenen Person werden. Unterstützt wird dies zusätzlich durch die Erzählperspektive.

Die offene und teilweise abstrakte Arbeitstechnik eignet sich v. a. für ein Projekt mit älteren Schülerinnen und Schülern. Die Jugendlichen bekommen dadurch die Gelegenheit, einem klassischen Grundschultext neu zu begegnen und ihn als Geschichte zu begreifen, die eigene Gegenwart berühren will.

Anregungen zur Texterschließung und Vertiefung im Unterricht

- In Zachäus' Leben gibt es Situationen, in denen er sich groß und bedeutend fühlt, aber auch solche, in denen er sich klein und unbedeutend vorkommt.
- Der Bibeltext erzählt nichts darüber, warum Zachäus Jesus sehen will. Überlege dir Gründe, weshalb Zachäus neugierig auf Jesus ist.
- Zachäus hat sicher schon eine Menge über Jesus gehört.
- Jesus sieht Zachäus und spricht ihn an. Markiere im Text, was Jesus sagt, und

schreibe diesen Satz in die Sprechblase auf dem Arbeitsblatt (M32).

- Die Menschen sehen, wie Jesus mit Zachäus isst. Sie reagieren ganz unterschiedlich darauf. Gestalte für die Leute auf dem Arbeitsblatt (M33) Sprechblasen.
- Als die Gemeindeglieder des Evangelisten Lukas die Geschichte lesen, finden einige reiche Männer und Frauen in Zachäus ein Vorbild für ihr eigenes Verhalten.

Methodische Vorbemerkungen zum Trickfilmprojekt

Für den Schattentrickfilm genügen einfache Legetrickfiguren (M35), die aus schwarzem Tonpapier oder speziellem Scherenschnittpapier gebastelt werden. Die Kameraeinstellungen und Perspektiven sind durch die gesichtslosen Schattenfiguren deutlich eingeschränkt. Die Szenen werden in der Normalperspektive (Seitenansicht) animiert. Variationen und Akzente können gesetzt werden, indem Ausschnitte einer Szene näher herangezoomt werden. Beim Gestalten der Szenen muss darauf geachtet werden, dass nur die wichtigsten Personen und Gegenstände als Scherenschnitte dargestellt werden. Je klarer die Konturen dieser Objekte erkennbar sind, desto besser wirken sie im Film.

Animiert werden die Figuren auf Fotohintergründen, die von den Schülerinnen und Schülern selbst aufgenommen wurden. Der Schattentrickfilm zur Begegnung zwischen Zachäus und Jesus soll in die Welt der Schülerinnen und Schüler hineingeholt werden. Deshalb zeigen die Fotoaufnahmen Straßen, Häuser und Plätze aus dem Ort der Schule. Ausgerüstet mit einer digitalen Fotokamera kann die Klasse auf Suche nach geeigneten Schauplätzen am Ort gehen und z.B. die Hauptstraße und den Marktplatz fotografieren. Hinterher können einige dieser Fotos ausgewählt und als Trickfilmhintergründe entwickelt werden. Dafür bietet sich eine Vergrößerung der Bilder auf etwa 40 × 60 cm an. Die Fotos müssen dann eine Min-

destauflösung von 1598 × 2398 Pixel haben. Eine Entwicklung in dieser Größe kostet pro Foto etwa 10 Euro. Drei bis vier Szenenhintergründe sollten genügen. Alternativ zu den Fotohintergründen können auch farbige Hintergründe gebastelt werden. Sehr gut eignen sich dafür Kulissen, die farbig passend zur Gefühlslage der Hauptperson (z.B. Zachäus) gestaltet sind. So kann die Szene, in der Zachäus von den Leuten nach außen gedrängt wird, komplett in unterschiedlichen Grautönen und Lila gehalten sein, während sich die Szene, in der er mit Jesus feiert, in hellen Farben strahlt.

Technische Ausstattung und Materialsammlung

Für den Silhouettentrickfilm basteln die Schülerinnen und Schüler einfache, grobgliedrige Legetrickfiguren und wichtige Requisiten aus schwarzem Tonkarton oder Scherenschnittpapier. Tonkarton hat den Vorteil, dass die Figuren stabiler sind und dass auch ihre Rückseite im Film verwendet werden kann. Wenn z.B. eine Figur im Film ihre Laufrichtung ändert, können die einzelnen Figurenteile einfach umgedreht werden. Es genügt eine Figur pro Charakter. Bastelvorlagen für Scherenschnittfiguren und wichtige Requisiten finden sich im Materialteil dieses Kapitels (M25 und M36).

Die Schattenfiguren werden auf farbigen Fotohintergründen animiert, die Trickkiste aus Kapitel 2.3 dient als Trickfilmstudio. Eine digitale Fotokamera oder ein Mini-DV-Camcorder fotografieren durch das Objektivloch im Deckel der Kiste. Um die Bilder anschließend bearbeiten zu können, werden ein PC mit Videoschnitt- oder Trickfilmsoftware, USB- oder Firewire-Anschluss, Soundkarte und ein Mikrofon benötigt. Beschreibungen und Kurzanleitungen zu geeigneten Computerprogrammen finden sich in den Kapiteln 2.4.4, 4.1, 4.2 und 4.3. Beleuchtet werden die Trickfilmszenen durch zwei Halogenstrahler an den offenen Seiten der Trickkiste. Für die

Vertonung des Films sollten ein Geräusche-archiv auf CD oder Gegenstände und Instrumente zur Klangerzeugung zur Verfügung stehen.

Anregungen und Tipps zur Umsetzung

Der Schattentrickfilm wird aus der Normalperspektive von der Seite gezeigt, sodass die Figuren im Profil zu sehen sind. Wie ein klassisches Silhouettentheaterstück vor einem Bühnenhintergrund. Akzente können durch vereinzelte Großaufnahmen gesetzt werden. Z. B. Zachäus' Hand, die Geldmünzen in einen Kasten fallen lässt, oder Jesus, der seinen Kopf in Richtung Zachäus streckt, der auf dem Baum sitzt. Die Silhouettenfiguren sollten so klar und profilreich wie möglich sein. Weniger ist im Schattentrick meist mehr. Außerdem sollten nur wenige Figuren und Requisiten eingesetzt werden. Tummeln sich in einer Szene sehr viele Personen, ist unter Umständen nichts mehr zu erkennen, da die schwarzen Trickfiguren sich gegenseitig verdecken. Auch in den Massenszenen des Films genügt es, wenn die Menschenmenge durch wenige Figuren angedeutet wird.

Vor- und Abspann des Films können im Silhouettenstil gestaltet werden. Die Schülerinnen und Schüler können dafür Scherenschnittbuchstaben gestalten, die dann z. B. zu einem Text animiert werden. Im Nachspann des Films können auch die Köpfe der Schülerinnen und Schüler im Scherenschnitt eingebaut werden.

Je nach Alter der Schülerinnen und Schüler sollte auch die Titelmusik stimmig gewählt werden. Für jüngere Schülerinnen und Schüler eignet sich z. B. das Lied „Zachäus wollte Jesus sehn" von Christa Baumann und Stephen Janetzko. Passender für Jugendliche wäre z. B. der Titel „Mehr nehmen" von den Fantastischen Vier (besonders Vers zwei). Allerdings muss hierbei beachtet werden, dass solche Titel nur mit Genehmigung der Verwertungsgesellschaft GEMA verwendet werden dürfen und dass diese Genehmigung immer mit Kosten verbunden ist (siehe Kapitel 2.2.5). Vielleicht gibt es aber auch in der Trickfilmklasse Schüler, die selbst einen Rap oder einen einfachen Song zur Geschichte komponieren oder den Film mit selbst eingespielter Instrumentalmusik untermalen können.

M31 | Jesus und der Zöllner Zachäus (Lukas 19,1–10)

Vor dem Stadttor standen die Menschen Schlange. Wie jeden Morgen wollten viele Händler nach Jericho. Hier liefen die Geschäfte besonders gut.

Auch Matthias, ein Obsthändler aus der Gegend, stand mit seinem Esel in der Reihe. Nur langsam ging es vorwärts, denn vorne vor dem Tor saß heute wieder ein ganz strenger Zöllner. Dieser Zachäus war sogar Oberzöllner. Jeder kannte ihn, den kleinen Mann, der nichts Schöneres und Wichtigeres kannte als Geld. Genüsslich ließ er die Münzen in seinen Geldkasten fallen. Jeder wusste, dass Zachäus gerne mal viel mehr Geld von den Händlern verlangte, als eigentlich üblich war. „Betrüger!" und „Gauner!" murmelten die Händler, wenn sie an Zachäus' Zollstand vorbeigingen.

Endlich war Matthias an der Reihe. Er stand mit seinem Esel vor dem Stand von Zachäus. Einen großen Beutel voll mit Münzen musste er heute an Zachäus zahlen. „Hier fühlst du dich wohl ganz groß. Dabei bist du für mich nichts weiter als ein kleiner Wicht. Ein Betrüger und ein gottloser Mann.", dachte Matthias.

Am Marktplatz herrschte an diesem Tag helle Aufregung, als Matthias zu seinem Stand kam. „Hast du es schon gehört?", fragte ein Mann. „Was denn?", wollte Matthias wissen. „Na, dass dieser Wanderprediger aus Nazareth zu uns in die Stadt kommt." Auch Matthias hatte schon viel von Jesus aus Nazareth gehört. „Manche meinen, dass er ein großer Prophet ist", sagte der Mann. „Ja, ich weiß. Manche sagen sogar, er wäre ein Arzt oder ein Zauberer."

Plötzlich standen überall Menschen. „Jesus kommt.", murmelten sie. Matthias sah, dass auch Zachäus von seinem Zollstand weggegangen war. Wahrscheinlich wollte auch er Jesus sehen. Zachäus versuchte sogar, sich an den Menschen vorbeizudrängen. Doch die Leute ließen ihn nicht durch. Sie schubsten ihn weg und Zachäus konnte an ihnen nicht vorbeisehen. Er war zu klein. Nicht einmal als er in die Luft hüpfte, konnte er etwas von Jesus sehen. Matthias sah, wie sich Zachäus auf dem Marktplatz umsah. Nach rechts und nach links. Und dann hatte er etwas gesehen. Einen großen, dicht belaubten Baum. Auf den kletterte der Oberzöllner. Wie ein kleiner Junge saß er im Baum. So versteckt, dass Matthias ihn kaum noch sehen konnte.

Dann kam Jesus. Matthias konnte sehen, wie Jesus unter dem großen Baum stehen blieb und nach oben blickte: „Komm herunter!" Matthias freute sich: „Jetzt wird Jesus diesem Kerl sagen, was er für ein Schuft ist." Aber Jesus sagte nur: „Zachäus, komm herunter. Ich muss heute dein Gast sein." Zachäus schaute zu Jesus. Wahrscheinlich glaubte er nicht so recht, was er da hörte. Doch dann sah Matthias, wie Zachäus rasch vom Baum kletterte und mit Jesus zu seinem Haus ging.

Ein Mann sagte: „Was ist denn mit diesem Jesus los? Er kann doch nicht zu einem Betrüger und Verräter wie Zachäus gehen und mit ihm essen und fröhlich sein!" Matthias und der andere Mann waren neugierig. Sie folgten Zachäus und Jesus. Am Haus angekommen blickten sie durch das Fenster. Drinnen waren Zachäus und Jesus. Sie aßen und tranken. Plötzlich sagte Zachäus: „Jesus, ich spüre, dass durch dich Gott in mein Haus gekommen ist. Die Hälfte meines Besitzes gebe ich den Armen. Und den Menschen, die ich bei meinen Geschäften betrogen habe, gebe ich dieses Geld vierfach zurück."

Jesus hob vor Freude seinen Becher und sagte: „Zachäus, heute ist viel Gutes in dein Leben gekommen. Und in das Leben deiner ganzen Familie. Auch du bist ein Kind Gottes und ich bin gekommen, um den Menschen Gottes Nähe zu bringen, die sich von Gott entfernt haben."

Noch eine ganze Weile standen Matthias und der andere Mann vor dem Haus und dachten über das nach, was sie gehört und gesehen hatten.

Trickfilmpraxis im RU

1. Als Jesus Zachäus sieht, spricht er ihn an. Schreibe aus dem Lesetext heraus, was Jesus sagt.

2. Welche Gedanken könnten Zachäus in diesem Moment durch den Kopf gehen?

M33 | Die Reaktion der Leute

1. Wie reagieren die Menschen, als Jesus mit Zachäus isst? Schreibe ihre Gedanken auf.

2. Lies dir Mt 9,9–13 durch. Dort gibt Jesus eine Begründung für sein Verhalten. Formuliere diese Begründung mit deinen eigenen Worten und schreibe sie in die Sprechblase.

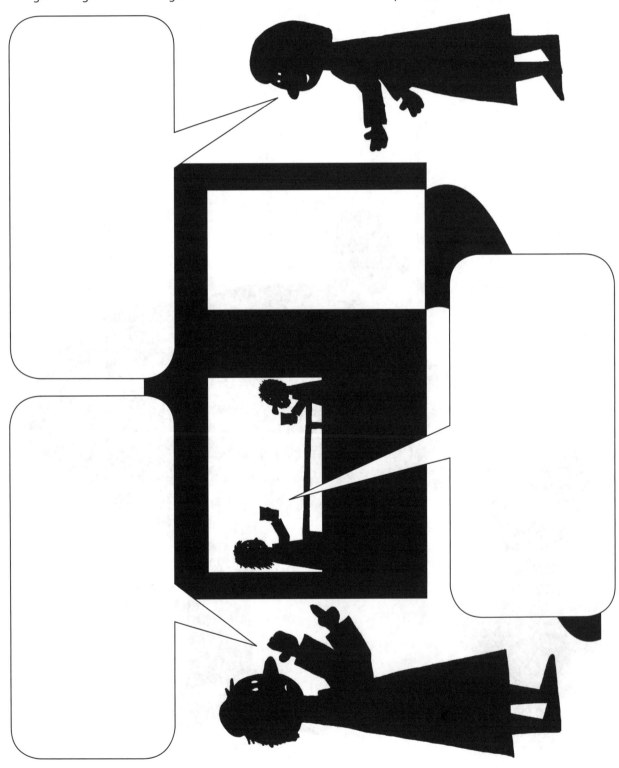

| Filmtitel: _____ | Seite: _____1 |

Szene: 1-A	Dauer: 20 Sekunden
Einstellung: Totale	Perspektive: Normalperspektive

Regieanweisungen/Handlung/Dialoge:

▷ Die Händler stehen vor dem Stadttor Schlange.

Geräusche:

▷ Vogelzwitschern;

▷ Gemurmel der Händler;

▷ I-A des Esels;

▷ Langsame Schritte.

Szene: 1-B	Dauer: 20 Sekunden
Einstellung: Totale	Perspektive: Normalperspektive

Regieanweisungen/Handlung/Dialoge:

▷ Matthias und sein Esel gehen langsam vorwärts;

▷ Zachäus (nicht im Bild): „Wer hier herein will, muss erst einmal kräftig bezahlen!"

Geräusche:

▷ Vogelzwitschern;

▷ Gemurmel der Händler;

▷ Langsame Schritte.

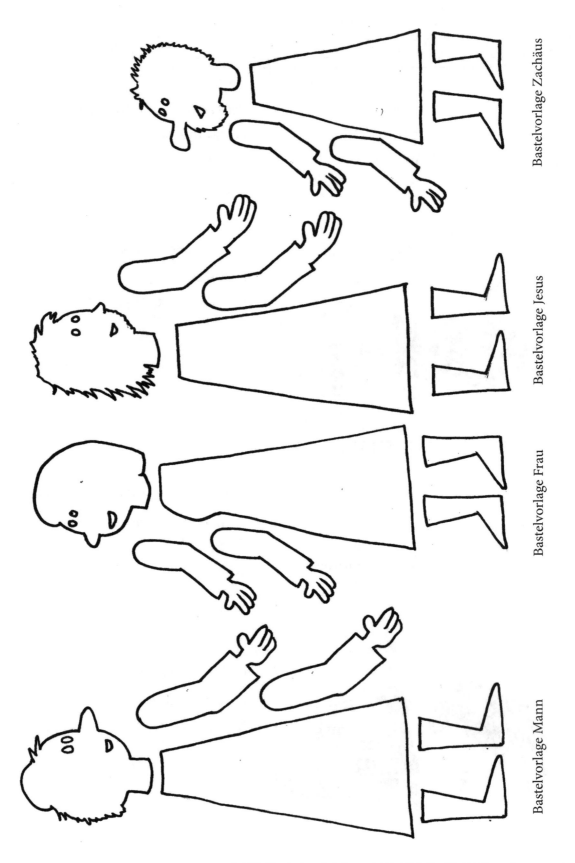

Bastelvorlage Zachäus

Bastelvorlage Jesus

Bastelvorlage Frau

Bastelvorlage Mann

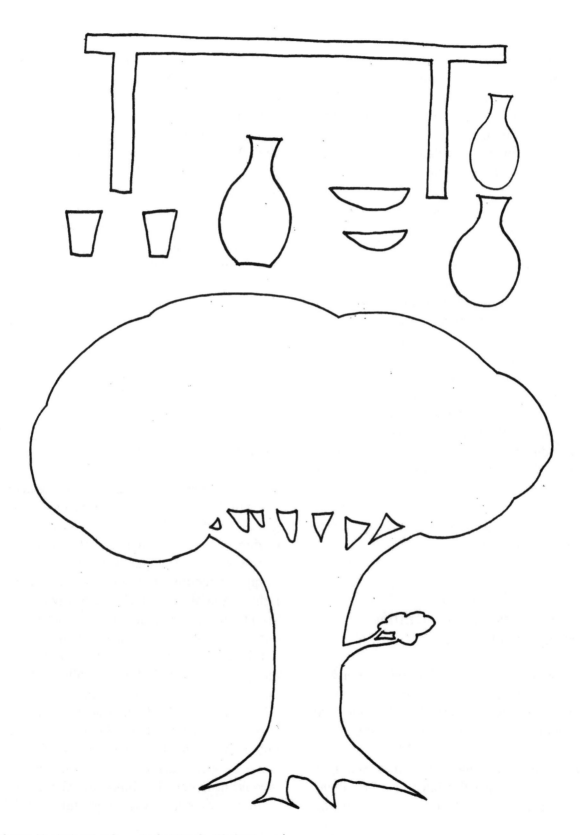

5. Von der Kirche zum Kino: Trickfilme in Schulgottesdiensten

Schulgottesdienste sind ein wichtiger Bestandteil religiöser Bildung. In ihnen treten Schülerinnen und Schüler in einen Dialog mit der christlichen Überlieferung, begegnen religiösen Ritualen und üben sich in spirituellen Formen. Trickfilmschulgottesdienste beziehen die Jungen und Mädchen darüber hinaus in die inhaltliche Ausgestaltung der Gottesdienstfeier mit ein. In der Vorbereitung begeben sich Schüler und Lehrer gemeinsam auf die Suche nach Inhalt und Aussage des Trickfilmgottesdienstes.

Schülerinnen und Schüler sind im Trickfilmschulgottesdienst deshalb nicht nur ausführende Organe, die vorformulierte Gebete und Texte vorlesen oder ein vorgegebenes Anspiel präsentieren, sondern sie übernehmen inhaltliche Verantwortung. Kinder und Jugendliche bringen ihre theologischen Deutungen, Interpretationen und Vorstellungen mit eigenen Worten ein. Der Trickfilmschulgottesdienst wird zu ihrer eigenen Veranstaltung. Gleichzeitig wird durch die inhaltliche Arbeit der Schülerinnen und Schüler gewährleistet, dass die biblischen und theologischen Aussagen des Gottesdienstes altersgerecht aufbereitet werden.

5.1 Wie aus einem Trickfilm ein Schulgottesdienst wird

Der selbstproduzierte Trickfilm ist ein Mittel der Verkündigung. In ihm fließen biblische Überlieferung und die Sichtweise der Schülerinnen und Schüler zusammen. Entsprechend werden diese Bibelanimationsfilme zum Ausgangspunkt eines Schulgottesdienstes. Damit der Blick im Gottesdienst auf den Filminhalt gerichtet bleibt, wird der

Nachspann des Films im Gottesdienst nicht gezeigt, besonders dann, wenn darin Fotos des Produktionsprozesses oder sogar witzige Versprecher während der Synchronaufnahmen und ähnliches zu sehen und zu hören sind. Vielleicht bietet sich auch nach dem Schulgottesdienst die Möglichkeit, den Film noch einmal in voller Länge zu zeigen – mit Nachspann und kurzem „Making-Of". Eine offene Diskussionsrunde kann dann sowohl den Inhalt als auch die kreative Arbeit der Schülerinnen und Schüler würdigen.

Trickfilme, die eine biblische Geschichte erzählen, können als Lesung oder als Predigteinstieg in den Gottesdienst eingebaut werden. Zeichnet die Animation Bilder eines Psalms, eines Liedes oder eines Gebets nach, kann der Film auch an die Stelle einer Psalmlesung, eines Liedes oder eines Gebets rücken.

Die Arbeit im Vorbereitungsteam

Der Trickfilmschulgottesdienst wird gemeinsam mit den Schülerinnen und Schülern ausgearbeitet, die auch den Animationsfilm produziert haben. Vielleicht ergibt sich in der Schule sogar die Möglichkeit, eine „Projektgruppe Trickfilmschulgottesdienste" einzurichten, die als Wahlfach ein bis zwei Reli-Trickfilme pro Schuljahr umsetzt und dazu entsprechende Gottesdienste gestaltet.

Inhaltlich orientiert sich der Gottesdienst am jeweiligen Trickfilm. Deshalb sollte zu Beginn des ersten Vorbereitungstreffens der Film gemeinsam im Team gesehen und offen besprochen werden. Dabei können – vor allem mit älteren Schülerinnen und Schülern – folgende Fragen in die Runde gegeben werden:
- Was bedeutet die biblische Geschichte, die in unserem Trickfilm erzählt wird, für

mich, mein Leben und meine Vorstellung von Gott?
- Was sollen andere aus unserem Film für sich mitnehmen?
- Wie können wir wichtige Aussagen des Films schlagwortartig formulieren?
- An welcher Stelle im Gottesdienstablauf sollen der Trickfilm und wichtige Szenen oder Einzelbilder gezeigt werden?
- Welche Lieder passen zum Thema des Trickfilms und zu seiner Aussage?
- Was soll in den Gebeten und Fürbitten zum Ausdruck kommen?
- Gibt es wichtige Aussagen, einen Bibelspruch, ein Bild o.ä., das die Gottesdienstbesucher mit nach Hause nehmen sollen?

Die Vorbereitungsarbeit mit jüngeren Klassen muss im Gegensatz dazu stärker elementarisiert werden. Es kann genügen, ein bis zwei dieser Fragen herauszugreifen, sie altersgerecht umzuformulieren und nur diese beiden Aspekte mit den Jungen und Mädchen gemeinsam zu klären. Ein Fundus an Liedblättern und Gebeten ermöglicht es den Schülerinnen und Schülern z.B. passende Lieder zum Gottesdienst und Anregungen für eigene Gebete zu finden.

Trickfilm-Liturgie

Trickfilmschulgottesdienste folgen einem liturgischen Ablauf, der Glauben altersgerecht ausdrückt und ihn erlebbar macht. Es geht um Gemeinschaft mit den anderen Schülern und den Lehrkräften, aber auch um die Gemeinschaft mit Gott. Dieser Grundlinie folgen alle Gottesdienste. Trickfilmschulgottesdienste unterscheiden sich von anderen liturgischen Feiern nicht nur durch das Medium des Animationsfilms. Ablauf, Sprache und Verkündigungsform bilden eine Einheit, die auf die Welt und den Verstehenshorizont der Kinder und Jugendlichen abgestimmt ist. Aus dem selbstgestalteten Trickfilm muss ein Gottesdienstthema herausgearbeitet werden, das die Jungen und Mädchen berührt. Zugleich sollte dieser Inhalt in eine liturgische

Form gebracht werden, der Schülerinnen und Schüler sprachlich folgen können. Im Vorbereitungsteam werden alle Formulierungen besprochen und ihre Aussagen geklärt, besonders dann, wenn es sich um klassische liturgische Formeln handelt. Reizvoll ist es, wenn die Schülerinnen und Schüler des Vorbereitungsteams – angeregt durch klassische Elemente und Texte des Gottesdienstes – ihre eigene liturgische Sprache entwickeln. So entsteht eine altersgerechte Liturgie, die auch Raum bietet, mit traditionellen Elementen (z.B. Vater unser, Segen) ergänzt zu werden.

Die Grundform des Trickfilmschulgottesdienstes orientiert sich an den Kernstücken, die auch in anderen Gottesdienstfeiern zu finden sind. Die einzelnen Elemente werden dabei teilweise anders ausformuliert, gewichtet und ausgestaltet:
- *Ankommen*:
  Die Gottesdienstbesucher sollen sich auf die bevorstehende Feier einstimmen können, noch bevor der eigentliche Gottesdienst beginnt. Ein abgedunkelter Raum ist nicht nur für die spätere Filmvorführung wichtig, sondern schafft gleich zu Beginn eine besinnliche Atmosphäre. Unterstrichen werden kann das durch ruhige Musik (von der Schulband oder von CD) und brennende Kerzen.
- *Eröffnung*:
  Ein musikalisches Vorspiel, das die Stimmung und das Thema des Gottesdienstes aufgreift, eröffnet die gemeinsame Feier. Die Begrüßung und Hinführung zum Thema des Gottesdienstes kann z.B. im Stil einer Kinovorschau oder eines Werbespots gestaltet werden. Daran schließen sich ein Gebet und ein gemeinsames Lied an. Auch die Liedankündigungen können im Kinostil – z.B. in der Art einer Kinowerbung – ausfallen. Wichtig ist dabei, auf das richtige Maß der Kino- und TV-Elemente zu achten.
- *Verkündigung*:
  Als Einstieg in den Verkündigungteil des Gottesdienstes wird der selbstgestal-

tete Trickfilm (ohne Nachspann) gezeigt. Je nach Art und Inhalt des Films kann es sich anbieten, die Dunkelheit unmittelbar nach dem Film für eine kurze besinnliche Stille zu nutzen. Diese kann mit wenigen Impulsgedanken zum Film und Kerzenlicht gefüllt werden. Die kurzen Auslegungsgedanken, die Schülerinnen und Schüler des Vorbereitungsteams selbst formuliert haben, können auch als Powerpointpräsentation an die Leinwand projiziert werden. An diese besinnliche Zeit, durch die der Film bei den Gottesdienstbesuchern nachwirken kann, schließt sich eine Kurzansprache an. Dafür werden einzelne Sequenzen oder Einzelbilder des Trickfilms noch einmal eingespielt und kommentiert. Ein Lied und ein kurzes Gebet runden diesen zentralen Gottesdienstteil ab.

– *Sendung und Segen*:
  Als Impuls für zu Hause bekommen die Gottesdienstbesucher ein kleines Geschenk ausgeteilt (z.B. eine Mini-Popcorntüte mit einem Bibelspruch oder dem Titelbild und dem Motto des Gottesdienstes oder ein Trickfilmbibelkärtchen). Drei bis vier Fürbitten, das gemeinsame Vater unser, ein abschließendes Lied und der Segen beenden den Gottesdienst.

Als Angebot nach der Feier kann eine Art Podiumsdiskussion mit den Trickfilmmachern angeregt werden. Sie stellen sich dabei den Fragen des Moderators/Lehrers und des Publikums (z.B.: Warum habt ihr euren Film zu dieser Bibelgeschichte gedreht? Welche Botschaft von Gott steckt für euch in dieser Geschichte? Welches ist für euch die wichtigste Stelle im Film?). So bekommen der Trickfilm und die behandelte biblische Geschichte ein Forum, das über den eigentlichen Schulgottesdienst hinausreicht.

5.2 Wie aus Kirchenbänken Kinosessel und aus Kinosesseln Kirchenbänke werden

Ein geeigneter Raum für Trickfilmschulgottesdienste muss den Spagat zwischen Kirche und Kino gehen. Er muss nicht nur eine spirituelle Atmosphäre schaffen, sondern auch eine gute Filmübertragung ermöglichen. Gut ist es, wenn ein in Frage kommender Raum zumindest schon eine der beiden Voraussetzungen für den Trickfilmgottesdienst mitbringt – wenn er also in sich als spiritueller Raum angelegt ist (z.B. Kirche, Andachtsraum der Schule) oder er zur Vorführung von Filmen und Präsentationen geeignet ist (z.B. Klassenzimmer oder Aula mit fest installiertem Videoprojektor, Gemeindesaal, Kino). Die folgenden organisatorischen Fragen können die Suche nach einem geeigneten Gottesdienstraum unterstützen:

– Sollen im Gottesdienstraum alle Schüler und Lehrer der Schule Platz finden oder wird der Gottesdienst nur von einzelnen Klassen/Jahrgangsstufen besucht?
– Ist im Raum die Projektion des Trickfilms auf eine Leinwand möglich?
– Kann die Leinwand so aufgebaut werden, dass der Blick auf den Altar nicht versperrt wird?
– Ist im Raum eine weiße Wand vorhanden, die als Projektionsfläche genutzt werden kann?
– Kann der Raum für die Filmvorführung ausreichend abgedunkelt werden?
– Sind im Raum ein Videoprojektor und eine Lautsprecheranlage fest installiert oder muss die technische Ausrüstung mitgebracht werden?
– Besitzen die Schule oder die örtliche Kirchengemeinde die benötigte Technik oder muss die Ausrüstung von einer Medienzentrale ausgeliehen werden?
– Kann die benötigte Technik schon ein bis zwei Tage vor dem Gottesdienst aufgebaut und getestet werden?
– Sind im Raum fest installierte Bänke vorhanden oder kann die Sitzordnung durch

Stühle oder Sitzkissen flexibel gestaltet werden?

– Bietet der Raum ausreichend Platz für Schulband/Schulchor?

Ausgehend von diesen Fragen und abhängig von den Gegebenheiten vor Ort lassen sich Trickfilmschulgottesdienste in sehr unterschiedlichen Räumen gestalten und feiern. Jeder dieser Räume bietet seine eigenen Vorzüge für die Gestaltung und die spirituelle Erfahrung des Gottesdienstes.

Trickfilmschulgottesdienste in der Kirche

Kirchengebäude wirken durch die in ihnen sichtbar und spürbar werdende spirituelle Atmosphäre. Sie laden zur Stille und zur Besinnung ein und durchbrechen so den Alltag. Es sind besondere Orte – nicht nur für christlich sozialisierte Menschen. Einen Trickfilmschulgottesdienst in einer Kirche zu feiern bedeutet, genau diese Stärke des Raumes zu nutzen und die Schülerinnen und Schüler zu einer Atempause einzuladen. Durchbrochen wird die spirituelle Erfahrung des Kirchenraums durch die technische Ausgestaltung, durch Leinwand, Videoprojektor und Lautsprecheranlage, die den Kirchenraum gewissermaßen zu einem Kino auf Zeit werden lassen. Unterstützt wird dieser Charakter durch

Abbildung 47: Mit einem Videoprojektor, einer Leinwand und einer Lautsprecheranlage wird aus dem Gottesdienstraum ein neuer spiritueller Raum: Das Trickfilmgottesdienstkino.

Plakate des Trickfilmgottesdienstes, die in der Kirche und am Eingang angebracht werden. Der Altar wird neben wichtigen Elementen wie Altartuch, Kerzen und Kreuz mit Symbolen und Gegenständen geschmückt, die das Thema des Gottesdienstes widerspiegeln. Wichtig ist, darauf zu achten, dass der Altar nicht von der Leinwand verdeckt wird. Falls es nicht möglich ist, die Leinwand neben oder hinter dem Altar aufzubauen, kann z. B. ein niedrigerer Tisch vor der Leinwand als Altar dienen.

Trickfilmschulgottesdienste in den Räumen der Schule

Ein Schulgottesdienst, der in der Aula oder in der Pausenhalle der Schule veranstaltet wird, bietet nicht nur die Möglichkeit, dass die ganze Schule gemeinsam feiert. Der große Raum kann in der Regel sehr frei und individuell nach den Anforderungen und den Ideen des Vorbereitungsteams gestaltet werden. Es besteht die Möglichkeit, die Sitzordnung flexibel zu gestalten (Reihen, Halbkreis, Sitzkissen, Hocker usw.) und den gesamten Raum als Kombination aus Kino und Kirche anzulegen. So kann am Eingang der Aula ein Tisch aufgebaut werden, an dem wie im Kino Programmheftchen (Liedblätter) verteilt werden. Außerdem können Plakate mit dem Titelbild des Gottesdienstes ausgehängt und am Ende des Gottesdienstes kleine Give-Aways (z. B. Mini-Popcorntütchen, Trickfilmbibelkarte u. ä.) verschenkt werden. Der Raum selbst bekommt durch Trickfilmplakate, Leinwand und Videoprojektor einen Kinocharakter. Ein kleiner Tisch, der mit bunten Tüchern, Kerzen, Kreuz und evtl. mit passenden Symbolen oder Blumen als Altar gestaltet wird, verbindet Kirchen- und Kinoelemente miteinander. Zusätzlich kann ein Lesepult geschmückt und aufgestellt werden. Vorteil eines Trickfilmgottesdienstes in der Schulaula ist, dass die benötigte Ausstattung für Technik und Raumgestaltung in der Regel an jeder Schule vorhanden ist. Das verringert den Organisationsaufwand für das Vorbereitungsteam deutlich. Außerdem ist der Gottesdienst dadurch mitten in der Alltagswelt der Schülerinnen und Schüler verortet und macht sichtbar, dass der christliche Glaube nicht losgelöst vom Schulleben und der alltäglichen Erfahrungswelt ist.

Wird ein Trickfilmgottesdienst nur von wenigen Klassen besucht, ist es sinnvoll, in den Andachtsraum oder ein anderes geeignetes Zimmer der Schule auszuweichen. Ähnlich wie in einer Kirche finden die Schülerinnen und Schüler hier bereits eine spirituelle Atmosphäre vor. Besonders für besinnlichere Gottesdienstformen, die mit Stille-Elementen und brennenden Kerzen eine entsprechende Stimmung unterstreichen, eignet sich dieser Raum. Die Gottesdienstbesucher sitzen auf Kissen im Halbkreis, der Altar wird mit Tüchern, Kerzen, Kreuz, Blumen und ggf. weiteren Symbolen auf dem Boden in der Mitte gestaltet. An der offenen Seite des Halbkreises wird die Leinwand aufgebaut, der Videobeamer sollte an der Decke oder an einer Wand des Raumes angebracht werden. Anders als Trickfilmschulgottesdienste in der Kirche oder in der Aula steht der Film nicht so sehr im Mittelpunkt. Er ist hier noch viel stärker ein Element, das zu seiner Zeit den notwendigen Raum im Gottesdienst einnimmt, ansonsten aber im Hintergrund bleibt und Raum für Lieder, Gebete und Besinnung lässt.

Trickfilmschulgottesdienste im Kino

Das Kino ist ein Ort, der zum Leben von Kindern und Jugendlichen dazugehört. Darüber hinaus ist Kino gewissermaßen zu einem Ort moderner Spiritualität geworden. Menschen gehen ins Kino, um aus ihrem Alltag herauszutreten, um sich in neuen Welten zu bewegen und sich von ihnen bewegen zu lassen. Durch einen Trickfilmschulgottesdienst im Kino kommt die christliche Botschaft an einem Ort zur Sprache, der in der Alltags- und Erfahrungswelt der Schülerinnen und Schüler eine wichtige Rolle spielt. Glaube und Spiritualität können so auf neue Art und Weise in ihr Leben treten.

Natürlich steht ein Trickfilmschulgottesdienst im Kino vor organisatorischen Herausforderungen und Aufgaben. Zunächst gilt es, den Besitzer des örtlichen Kinos für die Idee eines gemeinsamen Gottesdienstprojekts zu gewinnen und mit ihm gemeinsam auszuloten, ob und in welcher Form eine solche Veranstaltung überhaupt realisierbar ist. Eine Anfrage lohnt sich in jedem Fall. Organisatorischer Vorteil eines solchen Gottesdienstprojekts ist es, dass die gesamte benötigte Technik vorhanden ist: Filmprojektor, Leinwand, Lautsprecheranlage und bequeme Kinosessel. Für den Gottesdienst fehlen nur die wichtigen Elemente, die aus dem Kinosaal einen Gottesdienstraum machen. Ein Altar mit Altartuch, Kerzen und Kreuz genügt. Mehr braucht es nicht, um die Brücke zwischen Kirche und Kino zu schlagen. Hilfreich sind zudem ein Lesepult, das mit einem Tuch in einer passenden liturgischen Farbe geschmückt ist, und ein Mikrofon für alle, die im Gottesdienst etwas vortragen. Die Musik im Gottesdienst kann entweder als Playback von CD eingespielt oder von einer Gitarre oder einem Keyboard begleitet werden.

Durch den Veranstaltungsort Kino rückt der Trickfilm selbst stärker in den Mittelpunkt. Deshalb sollte er in der Liturgie ausreichend Raum bekommen. Ideal ist es, wenn einmal der ganze Film und anschließend (z.B. bei der Auslegung) immer wieder Einzelszenen oder Standbilder gezeigt werden. Der Film zieht sich dadurch als roter Faden durch den gesamten Gottesdienst.

Trickfilmschulgottesdienste im Freien

Veranstaltungen unter freiem Himmel sind ein besonderes Erlebnis. Open-Air-Konzerte und Open-Air-Kino sind beliebte Sommerveranstaltungen. Und auch Gottesdienste unter freiem Himmel finden großen Anklang.

Aufgrund des technischen und organisatorischen Aufwands sollte der Open-Air-Gottesdienst in unmittelbarer Nähe der Schule veranstaltet werden. Die Wiese hinter der Schule oder der Pausenhof können dafür geeignete Orte sein. Hier ist es möglich, Stromkabel zu verlegen und die technische Ausstattung einzurichten. Im Gegensatz zu Filmvorführungen in einem Raum ist allerdings ein spezieller Videoprojektor unerlässlich. Je heller die Projektionsfläche ist, desto mehr Lichtleistung des Beamers ist erforderlich. Im klassischen Heimkinobereich genügen rund 1.000 ANSI-Lumen. Für Projektionen im Freien wird mindestens das Dreifache benötigt – also rund 3.000 ANSI-Lumen und mehr.

Beim Trickfilmschulgottesdienst im Freien kann die Sitzordnung sehr flexibel gestaltet werden. Von Bierbänken bis zu Sitzkissen oder Picknickdecken ist alles möglich. Ein kleiner Tisch oder ein farbiges Tuch genügen als Altar – wieder geschmückt mit Kreuz und Kerzen. Wenn sich Trickfilm, Gottesdienstthema und die natürliche Umgebung miteinander verbinden, kann der Open-Air-Schulgottesdienst zu einem ganz besonderen Gottesdiensterlebnis für die Schülerinnen und Schüler werden.

M37 | Technische Checkliste für Trickfilmgottesdienste

❑ Trickfilm-DVD (Hauptfilm, Einzelszenen/Standbilder für die Auslegung, Making-Of für die Film-vorführung nach dem Gottesdienst)

❑ Videoprojektor mit Stativ/Deckenhalterung und Kabel zum Verbinden des Projektors mit den Lautsprecherboxen

❑ DVD-Spieler/Laptop mit Kabel zum Verbinden des DVD-Spielers/Laptops mit dem Projektor

❑ Leinwand

❑ Zwei Lautsprecherboxen mit Stativ o. ä.

❑ Mikrofon mit Stativ und Kabel zum Verbinden des Mikrofons mit der Verstärkerbox

❑ Verstärkerbox für Mikrofon

❑ Lesepult

❑ Altar

❑ Schmuck für Altar (Tücher, Kerzen, Kreuz, Blumen usw.)

❑ Sitzgelegenheiten (Bänke, Stühle, Hocker, Sitzkissen, Decken o. ä.)

❑ _____

❑ _____

❑ _____

6. Literatur-, Web- und Softwaretipps

Literatur zur Trickfilmarbeit

Ammann, Daniel; Fröhlich, Arnold: Trick-film entdecken, Verlag Petalozzianum, Zürich 2008.
Das Praxisbuch „Trickfilm entdecken" führt in knapper Form in die Möglichkeiten der Trickfilmarbeit im Unterricht ein. Unterschiedliche Trickfilmtechniken und Stilmittel werden erklärt. Darüber hinaus liefern kurze Projektskizzen Anregungen für eigene Unterrichtsprojekte. Ergänzt wird das Buch durch eine DVD mit Hintergrundartikeln, Anleitungen und Arbeitsblättern.

Anfang, Günther; Demmler, Kathrin; Lutz, Klaus (Hg.): Mit Kamera, Maus und Mikro – Medienarbeit mit Kindern, kopaed Verlag, München 2005.
Dieser Klassiker der aktiven Medienarbeit führt in die handlungsorientierte Medienarbeit mit Kindern ein und liefert Anregungen für unterschiedliche Medienprojekte. Mit dem Kapitel „Trickfilm- und Videoarbeit mit Kindern" kommt auch die aktive Trickfilmarbeit zu Wort.

Blair, Preston: Zeichentrickfiguren leichtgemacht, Taschen Verlag, Köln 2008.
Der Autor leitet dazu an, eigene Trickfiguren zu entwickeln und ihnen einen eigenen Charakter zu verleihen. Darüber hinaus werden Körpersprache, Mimik und Bewegungsabläufe von Trickfiguren erklärt.

Dietrich, Daniela; Christian Appelt: Stop Motion – Die fantastische Welt des Puppentrickfilms, Deutsches Filminstitut, Frankfurt a. Main 2005.
Das Deutsche Filmmuseum veröffentlichte zu einer Ausstellung über Stop-Motion-Animationen diesen Katalog, der neben Interviews und Fachartikeln auch Anleitungen und Tipps für eigene Puppentrickfilme beinhaltet.

Kohm, Roland; Gerstner, Andreas: Trickfilme – Tabletop – Filmtricks, Evangelisches Medienhaus, Stuttgart 2007 (pdf-Dokument).
Die Arbeitshilfe kann als pdf-Dokument von der Seite des Evangelischen Medienhauses Stuttgart kostenfrei heruntergeladen werden (www.evangelisches-medienhaus.de/cms/medienzentrale/medienpaedagogik). Auf den 22 Seiten führen die Autoren in die aktive Trickfilmarbeit und in unterschiedliche Arbeitstechniken ein. Stichwortartig liefern sie einen Überblick über Lernziele, Materialien und Projektaufbau.

Landesanstalt für Medien Nordrhein-Westfalen (Hg.): Die Trickboxx – Ein Leitfaden für die Praxis, Landesanstalt für Medien Nordrhein-Westfalen (LfM), Düsseldorf 2006.
Die Arbeitshilfe führt Kinder und Jugendliche in die Arbeit mit der „Trickboxx" des KiKa ein, die mittlerweile auch in vielen Medienstellen ausgeliehen werden kann. Im Mittelpunkt stehen vor allem Legetrickfilme. Kopiervorlagen für Storyboard, Trickfiguren und optische Spielzeuge liefern Material für die Praxis. Die Veröffentlichung kann als pdf-Dokument von der Seite der LfM heruntergeladen werden (www.lfm-nrw.de/buergermedien/trickboxx.php).

Loos, Iris; Ehmann, Jochen: Das Trickfilm-Handbuch, Bundesverband Jugend und Film, Frankfurt a. Main 1995.
Das „Trickfilm-Handbuch" führt Kinder, Jugendliche und pädagogisches Fachpersonal in die Trickfilmarbeit ein. Es erklärt die Funktionsweise einer Animation und liefert Anregungen und Modelle für den Praxiseinsatz.

scopas medien AG; Schneider-Trumpp (Hg.), Thomas: Bild für Bild – Dein eigener Puppentrickfilm (DVD), scopas medien AG, Frankfurt a. Main 2005.

Die DVD bietet viele Informationen und Hintergrundwissen zum Thema Puppentrick. Mit Dokumentationen und Interviews bekommen Kinder, Jugendliche und Erwachsene einen Eindruck von professioneller Trickfilmarbeit. Daneben liefert ein Workshopteil eine ausführliche Anleitung zum Basteln einer eigenen Trickfigur. Im Materialteil finden sich viele Texte, Bastelanleitungen, Vorlagen und ein Geräuschearchiv.

Williams, Richard: The Animator's Survival Kit, Faber and Faber, London 2001.

In diesem englischsprachigen Fachbuch gibt der „Vater" von Roger Rabbit einen tiefen Einblick in die hohe Kunst der Animation. Bewegungsabläufe werden aufgeschlüsselt und die Phasen einer Bewegung erläutert.

Literatur zur Bibelarbeit

Lutherbibel, revidierte Fassung 1984, durchgesehene Ausgabe in neuer Rechtschreibung, © 1999 Deutsche Bibelgesellschaft, Stuttgart.

Stuttgarter Altes Testament, Verlag Katholisches Bibelwerk, Stuttgart 2004.

Das „Stuttgarter Alte Testament" bietet neben dem Bibeltext der Einheitsübersetzung kurze Einführungen in die Bücher des Alten Testaments, Kommentare und einen Lexikonteil.

Stuttgarter Neues Testament, Verlag Katholisches Bibelwerk, Stuttgart 2004.

Diese Ausgabe des Neuen Testaments beinhaltet den Text der Einheitsübersetzung, kurze Einleitungen zu den einzelnen Büchern des Neuen Testaments sowie Kommentare und einen Lexikonteil.

Stuttgarter Erklärungsbibel, Deutsche Bibelgesellschaft, Stuttgart 1992.

In den Text der Lutherbibel wurden verständliche Kommentare eingearbeitet und Einführungen in die Bücher der Bibel vorangestellt.

Becker, Ulrich; Johannsen, Friedrich; Noormann, Harry: Neutestamentliches Arbeitsbuch für Religionspädagogen, Verlag W. Kohlhammer, Stuttgart 2005.

Neben einer Einführung in die Entstehung der neutestamentlichen Schriften und in das Judentum zur Zeit Jesu greift dieses Arbeitsbuch wichtige Themen des Neuen Testaments auf und behandelt sie mit Blick auf die Unterrichtspraxis.

Gertz, Jan Christian (Hg.): Grundinformation Altes Testament, Vandenhoeck & Ruprecht, Göttingen 2006.

Der Autor führt in die (Religions-)Geschichte des alten Israel ein und erläutert die Literaturgeschichte und die Theologie des Alten Testaments. Dabei wird die aktuelle Forschungslage verständlich und übersichtlich wiedergegeben.

Johannsen, Friedrich: Alttestamentliches Arbeitsbuch für Religionspädagogen, Verlag W. Kohlhammer, Stuttgart 2010.

Das Arbeitsbuch erläutert die Entstehungsgeschichte des Alten Testaments, führt in die unterschiedlichen Auslegungsmethoden ein und reflektiert wichtige Themen des Alten Testaments mit Blick auf deren Umsetzung im Religionsunterricht.

Lachmann, Rainer; Adam, Gottfried; Reents, Christine (Hg.): Elementare Bibeltexte, Vandenhoeck & Ruprecht, Göttingen 2008.

Nach einer kurzen Einführung zum Umgang mit der Bibel im Unterricht behandelt das Buch elementare Erzählstränge der Bibel. Die biblischen Geschichten werden nicht nur exegetisch, systematisch und hermeneutisch beleuchtet, sondern auch didaktisch reflektiert.

Niehl, Franz W.: Bibel verstehen, Kösel-Verlag, München 2006.

Als aktuelles Grundlagenwerk zur Bibeldidaktik führt Franz W. Niehl in seinem Buch „Bibel verstehen" in das psychologische, lerntheoretische und rezeptions-ästhetische Verstehen von Bibeltexten ein. Er skizziert die Rahmenbedingungen und das Profil eines dialogischen Bibelunterrichts und bietet Impulse für eine zeitgemäße Bibeldidaktik.

Schnelle, Udo: Einleitung in das Neue Testament, Vandenhoeck & Ruprecht, Göttingen 2007.

Das Buch erläutert die Entstehungsgeschichte der neutestamentlichen Schriften und führt in wichtige theologische Zusammenhänge dieser Bücher ein.

Zenger, Erich; Fabry, Heinz-Josef; Braulik, Georg (Hg.): Einleitung in das Alte Testament, Verlag W. Kohlhammer, Stuttgart 2008.

Hochaktuell führt dieses Einleitungsbuch in die Entstehung und in die Theologie des Alten Testaments ein. Besonders die Kapitel über den Pentateuch spiegeln die aktuelle Forschungslage wider und ermöglichen einen tieferen (Wieder-)Einstieg in die Bücher der Hebräischen Bibel.

Webseiten zur Trickfilmarbeit

www.bricktrick.de

Diese deutschsprachige Internetseite bietet wichtige Informationen, Grundlagen, Anleitungen und Tipps zum Erstellen von Lego-Trickfilmen (sog. Brickfilms). Neben Video-Tutorials, technischen Informationen und Weblinks finden sich auf dieser Seite auch Hinweise zum jährlichen Brickfilm-Festival „Die Steinerei". Viele Tipps und Informationen sind auch für die Arbeit mit anderen Trickfilmtechniken nützlich.

www.creativecommons.org/de

Creative-Commons-Lizenzen bieten die Möglichkeit, Fremdmaterial (Bilder, Musik, Geräusche) kostenfrei und legal in die eigene kreative Arbeit einzubinden. Unterschiedliche Lizenzen regeln die Verwendungsmöglichkeiten. Darüber hinaus bietet die Seite auch Links und eine Suchfunktion.

www.hoerspielbox.de

Diese Internetseite bietet einen großen kostenfreien Soundpool an. Hier können unterschiedliche Klänge und Geräusche für den eigenen Trickfilm im mp3-Format heruntergeladen werden. Die Nutzungsrechte sind auf der Startseite einsehbar.

www.tonarchiv.de

Auf dieser Internetseite werden GEMA-freie Musikstücke, Klänge und Geräusche zum Download angeboten. Die Lizenzvereinbarungen, die vor dem ersten Download gelesen werden sollten, erlauben die gewerbliche Nutzung der heruntergeladenen Dateien. Eine kostenfreie Registrierung ist erforderlich.

www.trickboxx.de

Die Trickboxx ist ein kleines Trickfilmstudio, das Kindern und Jugendlichen das Produzieren eigener Animationsfilme ermöglicht. Beim KiKa und bei vielen (kirchlichen) Medienstellen kann die Trickboxx ausgeliehen werden. Sie erleichtert die Arbeit an eigenen Lege- oder Figurentrickfilmen. Auf der Internetseite des KiKa finden sich viele Informationen und Tipps rund um die Trickboxx und um das Erstellen von eigenen Trickfilmen.

www.trickfilmchen.de

Die Landesstelle Jugendschutz Niedersachsen bietet auf dieser Seite Informationen für Erwachsene und Kinder rund um das Thema der Trickfilmerstellung an und führt in die Arbeit mit der Trickboxx ein. Daneben präsentieren junge Trickfilmemacher und Schulen die Ergebnisse ihrer eigenen Animationsprojekte.

Webseiten zur Bibelarbeit

www.bibelserver.com

Diese Internetseite stellt unterschiedliche Online-Bibeln zur Verfügung. Neben den verschiedenen deutschsprachigen Bibelausgaben finden sich auch anderssprachige Übersetzungen und eine Hörbibel. Einzelne Bibelstellen können ausgewählt und gedruckt werden.

www.bibelwissenschaft.de

Die Deutsche Bibelgesellschaft stellt auf ihrer Internetseite wichtiges Arbeitsmaterial und Hintergrundinformationen für die Bibelarbeit zur Verfügung. Sie bietet Einführungen in die Bibelkunde, in den Aufbau und die Theologie der Bibel sowie in die Religionsgeschichte Israels (www.bibelwissenschaft.de/bibelkunde). Daneben entsteht in Zusammenarbeit mit den Universitäten Dresden und Kassel ein Online-Bibelkommentar (www.bibelwissenschaft.de/online-bibeln/bibelkommentar).

Software zur Trickfilmarbeit

AnimatorDV Simple+

Mit der Programmversion „Simple+" bietet der Softwarehersteller ein kostenfreies Stop-Motion-Programm an. Es verfügt über viele Funktionen, die zum Erstellen eigener Figuren- oder Legetrickfilme wichtig sind. Das Programm kann im Internet heruntergeladen werden (http://animatordv.com/download_free.php).

Atmosphere Lite

Das Freewareprogramm „Atmosphere Lite" ermöglicht das Erstellen eigener Klangkulissen, die als mp3- oder wav-Dateien in den selbstproduzierten Trickfilm eingebunden werden können. Dieses Programm des Herstellers Vectormedia Software kann im Internet kostenlos heruntergeladen werden (http://atmosphere-lite.softonic.de). Hinweise zur Benutzung des Programms finden sich in Kapitel 2.4.1.

iStopMotion

Dieses kommerzielle Programm ist ein Klassiker für alle Trickfilmer, die mit einem Apple-Computer arbeiten. „iStopMotion" ist in drei verschiedenen Versionen erhältlich: „iStop Motion Home", „iStopMotion Express" und die professionelle Ausgabe „iStopMotion Pro".

Magix Video deluxe

„Magix Video deluxe" ist ein Videoschnittprogramm, das für den Hobby- und Amateurbereich viele Möglichkeiten bietet. Für die Trickfilmarbeit ist das Aufnehmen von Einzelbildern über eine angeschlossene Webcam oder Videokamera möglich. Auch zu „Magix Video deluxe" finden sich Informationen und Anleitungen in diesem Buch (Kapitel 2.4.4 und 4.2).

Stop Motion Pro

Wie der Name schon anklingen lässt, ist „Stop Motion Pro" ein spezielles Trickfilmprogramm. Es bietet viele hilfreiche Werkzeuge, die das Erstellen eigener Lege- und Figurentrickfilme erleichtern. „Stop Motion Pro" ist in verschieden umfangreichen Ausführungen erhältlich. Zudem kann eine Klassenraumlizenz für die Arbeit an der Schule erworben werden (www.dbsys.de). Weitere Hinweise zum Programm finden sich in den Kapiteln 2.4.4 und 4.3.

Trickfilm Cam

Auch „Trickfilm Cam" ist ein spezielles Stop-Motion-Programm, das es ermöglicht, aus Einzelbildern eine zusammenhängende Animation zu erstellen. Im Gegensatz zu „Stop Motion Pro" ist „Trickfilm Cam" zwar weniger umfangreich, dafür wird es als Freeware kostenfrei zum Download angeboten (www.freeware.de/download/trickfilm-cam_16193.html).

Windows Movie Maker

Mit dem „Movie Maker" bietet der Softwarehersteller Microsoft ein einfaches Videoschnittprogramm an, das bereits automatisch mit Windows installiert wird. Tipps und Anleitungen zur Trickfilmarbeit mit „Windows Movie Maker" finden sich in den Kapiteln 2.4.4 und 4.1.